Realism Acting

To live in truth in the imagination:
What I learned in New York

BOBBY NAKANISHI

リアリズム演技

想像の設定の中で真実に生きるために
ニューヨークで学んだこと

ボビー中西

而立書房

DEDICATED

TO

PHIL GUSHEE

フィル・ガシーに捧ぐ

まえがき

　サンフォード・マイズナーは「俳優になるには20年かかる」と言っています。

　2007年にやっと自分も俳優になれたと思い、これまで日本やアメリカで学んできたこと、経験、気付き、発見をまとめようと思い立ち、この本を書きました。以後、それをクラスでテキストとして使用し、何度も書き換え10年の歳月が過ぎ、今回出版にあたり指導する立場から学んだことなどを含め、大幅に内容を改訂しました。

　この本では数多くの演技テクニックを取り上げ記述していますが、そこに自分の体験や経験も多く織り交ぜているので、それらが読者の方々への理解の架け橋になってくれればと思います。

　アメリカでは、最終的に自分の方法（メソッド）を作り上げることが大事だと言われています。ここに書かれているのは、ボビー・メソッドです。役立つものは使い、必要でない部分、納得できない部分などありましたら取り入れず、他のテクニック、経験を踏まえ、世界で一つの自分の演技メソッドを作り上げていって下さい。僕は日本で鳴かず飛ばずの俳優でした。そんな僕でもシステマチックな演技練習と努力で、アメリカで貴重な体験をさせてもらい、多くの夢を実現してきました（まだまだ叶えたい夢もあります）。

　日本に拠点を移し、はや6年。30年前の僕のように、どうすれば演技が上達できるか分からず、がむしゃらに熱い気持ちで演技の勉強に取り組みながら悩み苦しんでいる俳優を大勢見てきました。我流の演技方法では、自転車のスタンドを立てて思いっきり漕ぎ続けているようなもので、前進しないので上達しません。テクニックを学び、それをベースにして俳優道を歩んでいって下さい。

　この本が、俳優をはじめ、日本のすべての演技に関わる人たちに少しでも役立ってくれればと切に願っています。

初舞台

座長：渡辺正行
ススキノ：近藤芳正

座長　うまい、バツグン。

ススキノ　（ニッコリする）。

　　　　続いて中州、顔を出す。

座長　最高、グッド。

　　　　中州、ニッコリする。続いて中西、顔を出す

座長　ヘタ、おどろくヘタ、すごいヘタ、なすのヘタ。

　　　　中西、泣く。

座長　しかし全体的に見て非常によかったと思う。

　　　　三人笑う。

座長　これからもがんばるように。

三人　ハイ。

　　　　全員伸びをする。他の者も片づけはじめる。

中西　ボク、そんなにヘタですか？

座長　ヘタ、すごいヘタ。今だってヘタだもん。お前なんか歩い
　　ているだけでヘタってわかるよ。歩いてみな、ヘタヘタヘタ
　　ヘタ。ホラ、ヘタヘタと音がする。

中西　そんな。それは今、座長が口でいったんじゃないですか。

だいたいボクなんかハート出しただけですよ。

座長　ホラ、またヘタだもん。お前、あんまりしゃべんない方が
　　　いい。

ススキノ　はじめのうちは誰でもそうだ。俺もはじめはそうだっ
　　　たんだ。ま、がんばんな。

座長　人のことがいえるか、ススキノ！

　　　　　　　　　　　　（渡辺正行『ひかりの中に』メタモル出版、1989年）

　この戯曲は初舞台のときのもので、僕は目も当てられないほど
の演技で、師匠がその演技を見てあてがきをして、演技の下手な
人形芝居の劇団員の役を作ったのでした。

　国会図書館に納本されている本にきちんと僕がヘタだったと記
録として残っています。そのヘタな人間がここまで来られました。
すべての人には才能があると信じています。才能を開花させるの
は、自分の努力次第です。この本が水となり、栄養になり大輪の
花を咲かせるのに少しでも役に立てたらと思います。

覚 悟

　僕のバイブル、『サンフォード・マイズナー・オン・アクティング』の冒頭に、以下のようにあります。

　舞台が綱渡りのロープのように細かったらどんなにいいだろう？そうすれば、才能のない者が舞台に立とうとしなくなるから。
　　　　　　　——ヨハン・ウォルフガング・ゲーテ（1749-1832）
　　　　　『ウィルヘルム・マイステルの遍歴時代』第四巻第二章
　マイズナーは、この引用文を額におさめ、オフィスの壁にかけている。
（サンフォード・マイズナー／デニス・ロングウェル 著、仲井真嘉子／吉岡富夫訳『サンフォード・マイズナー・オン・アクティング』而立書房、1992年）

　ネイバーフッド・プレイハウスに通っていたときに、実際のものを見たことがあります。僕は「命懸けで俳優になる覚悟がない者は、目指すべきものではない」と彼は言っていると思っています。

　アメリカで、演劇人なら誰でも知っていて、ハーヴェイ・カイテルがバイブルにしている『演技術入門』の一節にはこう書かれています。

　彼女　ええ、勿論ですわ。だからわたしを援助して下さい。わたしはたゞもう夢中で演劇が好きなんですわ。
　私演劇が好きなだけじや充分とは云えませんね。好きでない人

がいるでしようか？　自分を演劇に捧げ、自分の一生をそれに打込み、自分の考えや感情を全部そのために使うこと。演劇のためにはあらゆるものを犠牲にし、すべての苦しみに耐えてゆくこと。それだけではなく更に重要なことは、あれ程美しく魅力的に見えた演劇の世界というものが貴女にはごく僅かのお禮だつてしてくれないことをよく覚悟して、演劇のために、貴女自身も含めてすべてのものを捧げる氣持になることです。

（R・ボレスラフスキー 著、樋口讓 訳『演技術入門』早川書房、1954年）

というように、人生のすべてを捧げる覚悟をしなさいと言っています。
　そして目指すは、自己暴露の芸術です。

「劇場の視点まで拡大された自己暴露こそ、演劇芸術のすべてだ」。ショーの意味する自己暴露とは、純粋な、自意識にとらわれていない、才能のある俳優のもっとも内面の、最も個人的な存在を観客の目に晒すことだ。

（同『サンフォード・マイズナー・オン・アクティング』）

　覚悟をしたら、目指すは世界共通の自分自身を使ったさらけ出す演技をして、芸術の域まで極めていってほしいです。それは、アーティストでも俳優だけができる特権なのです。

JR与野本町駅から彩の国さいたま芸術劇場までの歩道に埋め込まれているプレート。蜷川幸雄演出舞台『海辺のカフカ』観劇後、夜道に輝き、僕に訴えていると感じました。

ブックデザイン　中 新
イラスト　　　　川合 空

目 次

まえがき　3
初舞台　4
覚悟　6

Ⅰ 演技術編

俳優 Ⅰ
19

俳優という名の楽器について／トレーニングへの心構え／勉強／成長

演技の基本
23

リアルな演技／最初の落とし穴／演技とは信じること／ Listen & Answer ／今に集中／衝動について／ Behavior ／ビヘイビアは嘘をつかない／POV ／ Be Specific

あがり・リラクゼーション
33

あがり／リラクゼーション方法

緊張
37

舞台上で緊張したら／すべてを受け入れる／緊張していることを使う／スピーキングアウト／ FUCK IT の気持ち／目的に 100％意識を集中させる／行動に集中／緊張しないことの問題／緊張の川柳

クラス
42

大切なこと／自己紹介

トラスト練習 44

目隠し練習／二人組のトラスト練習／椅子に座る練習法／ジュトーン練習
／怖い領域に飛び込む

解放 49

解放とは／日常生活での解放／サークルダンスで解放

シアターゲーム 52

ゲーム

マイズナーテクニック・レペテション 54

マイズナーテクニック／ Reality of Doing ／観察練習／一語／一行／レペ
テション練習法／なぜレペテションなのか？／基本的なルール／ルールを守
る／真実を伝える／ 3、4 人でレペテション／自主練習／傍観者にならない
／センソリーとレペテション／レペテション・アレンジ／ No Head ／閉じる
感覚／オープンな気持ち／スリーモーメントゲーム

インディペンデント・アクティビティ 70

ゲーム・アクティビティ／個人的なアクティビティ／セットアップ／アクティビ
ティで大事なこと／相手が入ってくる／ノックをして入ってくる場合／シーン
の中で

センソリーワーク Ⅰ 80

センソリー／コーヒーカップ練習法／寒さの練習法／酔いの練習法／日々
の鍛錬／日本でのメソッド演技について

感情準備 85

Daydream ／ストーリーの作り方／音楽を使う／感情の記憶／感情の記憶

誘導／感情の記憶で大事なこと／感情の記憶経験談／ビジュアルから／シーンの途中で感情が変わる場合／何でも使う／まとめ

as if（まるで何々のよう）・置き換え 97

as if ／ as if で大事なこと

POV 練習 101

POV 練習法・置き換え１／ POV 練習法・置き換え２／ POV 練習法・置き換え３／置き換えで大事なこと／実際にする作業

シーン Ⅰ 105

マイズナーテクニックでの初シーン／台詞／シーン初期台詞合わせ練習法／自意識を減らす／演技評価

シーン Ⅱ 110

選択／アクターズシークレット／目的／シーンの目的／アクション動詞／アクション動詞注意点／アクション練習法

シーン Ⅲ 116

シーン練習／障害／個人化と Stake ／自己葛藤

前状況 123

登場で大事なこと／前状況を作る／センソリーを使っての前状況

即興 126

即興 in ／即興 out ／関係性を作り上げるための即興／恋人との関係性／映像のとき

センソリーワーク Ⅱ 134
場所のセンソリー練習／Forth Wall／4番目の壁・オーディション経験談
／使えるセンソリー／第六感

モノローグ 139
モノローグの種類／『スプーンリバー』／モノローグ『感謝』／パラレル／
パラフレーズ／目的・アクション動詞・個人化／モノローグ①独り言／モノロー
グ②話す対象がいる／モノローグ③観客へ／モノローグ練習法／詩集・手
紙集

キャラクターワーク 153
キャラクター／役の性格／イメージを演じない／伝記・バイオグラフィー／
フィジカル・アジャストメント／アニマルから／アニマルをもとに作り上げる
方法／講師が誘導するアニマル練習法／アニマル練習で大事なこと／アニ
マル練習経験談／as ifから／実際にいる人物から／キャラクターリサーチ
／訛り／有名人から／絵から／絵からキャラクターを作る方法／キャラクタ
ーのイメージ画から／キャラクターインタビュー／マスク（お面）／マスク練
習法／コンプレックスのある役／キャラクターチェックイン・チェックアウト

衣装・小道具・化粧 180
衣装／『おーい、助けてくれ！』での経験談／身の周りの人の服装を研究
する／小道具・化粧／パーソナルオブジェクト（自分の持ち物）

オープンダイアローグ 184
Well I'm here 練習／Nail down

Choice／選択 191
ベストなものを選ぶ／究極の選択をする／映像での選択

『ハムレット』シーン練習方法 194
『ハムレット』第三幕 第一場を演じるには／『ハムレット』第三幕 第一場

オーディション 209
オーディション／オーディションで大事なこと／自信満々を演じる／映像／
考え方を変える／準備は怠らない／オーディション経験談

脚本分析 218
テーマや目的を導き出す方法

本読み 222
本読みで大事なこと／クラスでの本読み／事前の準備／本読みの時期、
期間／本読みでの飛び込み

Ⅱ 経験編

アメリカ 229
ＮＹ／アメリカと日本の演技環境／ポジティブから入る

コメディ 233
笑いの基本・杉兵助師匠／コント赤信号／笑いの落とし穴

テクニック 236
多種多様なテクニック／演技クラス・講師

アクターズ・スタジオ 238
アクターズ・スタジオとは／セッション／一つひとつの積み重ね／アクターズ・スタジオ・オーディション

尊敬する俳優アル・パチーノ 242
好きになった理由／エステル・パーソンズ／アル・パチーノと初稽古／ブイ（V）／後悔／努力は報われる

俳優 Ⅱ 250
感受性が強く繊細な俳優／表現力とは／才能について／俳優がしてはいけないこと／自分も傷つけてはいけません／芝居は PLAY

自信 255
自信を持つ／レッテルを貼るのをやめる／褒められノート／Gratitude List

演出 260
演出家／やってほしくないこと／良いノートの出し方／ノートは具体的に／個人的にノートを出す

おすすめ 265
ドキュメンタリーを観る／なぜ俳優になりたいか／自分を大事な楽器として扱う／子供から学ぶ／WHY？／自分の作品を書く／芝居作りの固定観念を捨ててみる／Review に対して／映画を観る／スポーツ観戦／ヨーロッパでの芸術観／酒やタバコとの付き合い方

アドバイス 275
役を愛する／前にやった人の演技をなるべく見ない／ただ泣けても意味がない／アンテナを立てて生活する／使えるものはなんでも使う／自分の状態を受け入れる／人と比べない／アドバイスの受け入れ方

こんなときの対処法 ……… 280

ブロッキング・段取り／感情の結果を要求された場合／自意識過剰になった場合／相手俳優が演出や演技指導を始める場合／テンポアップと言われたら

経験・教訓 ……… 283

ハリウッド映画現場での経験／怖さが快感になり自由になれる経験／準備を怠った経験／演技の天使が降りてくる経験／映画は完成まで分からない／感激した舞台／映像現場 Ⅰ／映像現場 Ⅱ

仲間・恩師 ……… 293

サンフォード・マイズナー／仲間・ファミリー／ロベルタ・ウォラック／フィル・ガシー

大事にしている言葉 ……… 300

その他 ……… 302

ＮＹに留学を決めたわけ／ボビーの名前の由来

付録
ボビー中西による戯曲　307
アクション動詞表　313

参考図書／推薦図書／参考演技クラス・演技講師・演出家・俳優　327
The Neighborhood Playhouse School of the Theater ／ The Actors Studio　329

謝辞　330
あとがき　331
ボビー中西プロフィール　332

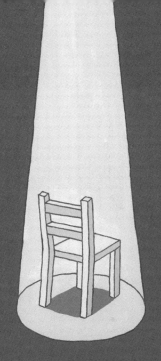

I
演技術編

Realism Acting
To live in truth in the imagination:
What I learned in New York

俳優 I

俳優という名の楽器について

　アメリカにおいて、俳優は自分のことをInstrument／楽器と呼びます。ミュージシャンは楽器を使い、作家は言葉をつむぎ、画家は絵を通して、写真家はカメラを使い、表現します。ダンサーは自分の肉体を使って表現しますが言葉は用いず、俳優だけが自分の存在すべて、体と言葉を使い表現するアートフォームです。自分自身が楽器だという認識を持つことがとても大事です。

トレーニングへの心構え

　ネイバーフッド・プレイハウスに入学したとき、一クラスに30人の生徒がいて、さまざまな経歴を持った俳優の卵が集まっていました。大半は地方の大学の演劇コースを卒業してからＮＹにトレーニングを続けるために来ている若い人たちでした。初めにサンフォード・マイズナーが「大学で変なもの、クセを身に付けてきた人はすべて捨てなさい！　でなければ、これから学ぶのに邪魔になる」と言っていました。

　数多くの俳優を指導してきていますが、変なクセを持っている俳優は学ぶ過程でかなりの妨げになっています。クセがあるとマイナスの部分をゼロにしてからプラスにするのでクセを落とす分、余計に大変なのです。汚れたキャンバスをきれいにしてから絵を描くようなものです。また、変なプライドや演技に対しての先入観があると、これも学ぶ上での妨げになります。友人の俳優・青山治君の言葉を借りるなら、"コンクリートと砂"に例えること

俳優 I　　19

ができます。砂には水がすぐ染み込み吸収しますが、コンクリートにはなかなか染み込みません。砂のような態度で一生演技を学んでいくことが重要です。

勉強

　エステル・パーソンズやメリッサ・レオをはじめ、経歴を重ねた多くのアカデミー賞受賞俳優や有名俳優たちが、アクターズ・スタジオのセッションに積極的に参加し、キャラクター作り、即興、シーンワークなどに励んでいるのを見てきました。いつまでも演技の勉強への気持ちが薄れないその姿勢を僕も見習わなければと常に思っています。

　日本を代表する伝説的俳優・松田優作さんもインタビューの中で勉強について話しています。

——いまはその過渡期？

松田　過渡期というよりも……勉強期間ですよ。だって、どこでぼくら勉強できますか、ほんとに。勉強する場所がないし、実際にリアルタイムでやりながら勉強していかなきゃいけない、同時に。たとえばどっかのアクタースタジオでさ、おれたちみたいなプロの俳優でもちゃんと訓練したり、さしてくれるとこがあるんなら別だけど、むこうみたいに。ロバート・デ・ニーロみたいにちゃんと小劇場を持ったりとかできるんだったら別だけど。おれがたとえば勉強のために舞台やるったって、必ず商業ベースになっていくわけ、システムとして。そんなのバカバカしいしね。だから、自分なりに勉強をというストロークを持ってますから。絶対、図に乗ってませんから。

（山口猛 編『優作トーク』日本テレビ放送網、1995年／『ア・ホーマンス』ロング・インタビュー「キネマ旬報」1986年10月上旬号／インタビュー 山根貞男）

　このインタビューを読むたびに、勉強の大事さ、現状に満足しないことを、改めて痛切に感じます。アメリカでは、一度売れてスターになっても、スターで居続けられる保証はなく、常に自分磨きと勉強が不可欠だと多くの俳優が自覚しています。

　日本でも、優作さんのように勉強をし続けている俳優は多いと思います。しかし、日本で売れている俳優が勉強をしていると、まだ勉強が必要な俳優なんだと見られてしまうと聞いたことがあります。とても残念なことだと思います。他のアーティスト、プロのアスリートは、常に練習、勉強をしているのに、俳優だけがしないのは不思議です。

　俳優の勉強は一生続き、死ぬときに終わるのです。

成長

　成長は折れ線グラフでいうと常に右肩上がりに上がっていく感じではなく、上がったり下がったり、ときには停滞したりして、最終的には上がっていきます。上がれば嬉しいし、下がれば落ち込み悔しいし、停滞すればイライラします。大事なのは、その過程を楽しむことです。自分に才能がない、伸びしろがないなどと自分いじめをせずに、俳優を目指した当時の気持ちを忘れずに、前に進んで行くことです。

　僕がネイバーフッド・プレイハウスで台詞がうまく言えないときに自分の頬を叩いたら、「何やってるんだ！　絶対に自分で自分を叩くな！」と叱られました。"Be Gentle" 自分に優しくして

あげて下さい。イライラしたら〝Slowly but Surely（ゆっくりだが確実に）〟とマントラのように唱えてみて下さい。

演技の基本

リアルな演技

　実際起きたことをそのまま再現し、普段話しているように演技することができれば、なんてリアルな演技になるだろうと思うことがあります。電車の扉が閉まりそうなのに乗ろうとして乗れなかった人の後の行動を見て、笑ってしまったことがありませんか？　もしその人の行動を再現しようとしたら困難を極めます。なぜなら、その人の行動の表面だけを真似しようとするからです。リアルな演技を作るのはサークルを描くようなものだと思うのです。実際にあったことがスタートラインで、そこから一周して、再びもとの位置の一段上に戻ってくる。一段上とは舞台の上、カメラの前のことで、そこでのリアルということです。アメリカではHighlighted Situation ／強調された状況と表現をします。

　そのサークルをきちんと通らないとリアルな演技は生まれてこないと思うのです。近道をしたり、手を抜いたりするとリアルではない演技を生み出すことになります。芝居作りには大変労力と時間がかかりますが、きちんとやるべきことをやれば必ずリアルな演技をすることができると確信しています。やるべきことが分かってくるとそのプロセスがとても楽しくなってきます。芝居作りで楽しいと感じられると、次から次にアイデアが出て、もっともっとという気持ちになります。ポジティブのスパイラルに入ったら閃きのシャワーが出て、自分の想像を超えるものが出てくるのです。

最初の落とし穴

　俳優が最初にはまる落とし穴は、読んだときのイメージを演じてしまうことです。

Acting is the ability to live truthfully under imaginary circumstances.
演技とは想像の設定の中で真実に生きることである。

という定義を、ネイバーフッド・プレイハウスに入学してすぐにクラスで教えられます。プリントが配られるわけでもなく、先生が言ったことを友達に聞きながら必死に書き留めました。"Acting is Doing（演技とは行動すること）"なのです。ネイバーフッド・プレイハウスの建物の壁に飾ってあるサンフォード・マイズナーの写真の下にこう書かれています。

　演技とは、イメージを演じること、クリシェ*の演技をすることではありません。落とし穴にはまると、そこから抜け出すことは容易ではなく、芝居作りの上で大変な妨げになります。汚れたキャンバスに絵を描き始めるのではなく、キャンバスをまっさらにしておき、"ゼロ"から始められるようにしていきましょう。自分の頭の中で、この役はこうである、こうやって演じるべきだ、感情はこうだなどと決め付けてしまうと、芝居作りで探っていく隙間がなくなってしまいます。

　アメリカではExploration／探険という言葉で表すように芝居作りを進めていきます。芝居を作る過程は探険だと思うのです。

芝居作り、役作りという未知の世界への探険、ときには冒険をして
たくさん発見していきましょう。そのためには、多種多様な道
具、知恵が必要です。この本に書かれている練習法が探険を助け
る道具になることでしょう。

*クリシェ　型にはめる、パターン、イメージ、よくある感じ、という意味のフランス語。演技
　クラスで頻繁に使われる言葉です。

"最大の敵は自分の中にいる演出家である"

演技とは信じること

　以前アクターズ・スタジオで、ある女優さんがインタビューを
受けていたときのことです。演技の話をしているときに、突然テー
ブルにあった普通のコップを持ち、とても大事そうに扱い、
「これは古代ギリシャ時代のものだ」と言い、その後、彼女は
「演技は信じることからスタートする」と言ったのです。普通の
コップを価値あるものだと信じるのは、容易なことではありませ
ん。彼女のようなすばらしい俳優だからできるのです。そこにい
た僕は、彼女のコップの扱い方を見て、「相当価値のあるものだ」
と信じられました。

Listen & Answer ／聴く＆答える

　演技はListen & Answerに始まりListen & Answerに終わります。
これは僕が一番大切にしていることで、簡単そうでとても難しい
ことなのです。
　日常生活において、人の言うことをきちんと聞くというのは難

しいことではありません。自意識がなく、相手が何を言うか分からないので、自然にきちんと聞くことができるのです。しかしこれが舞台の上やカメラの前となると、途端に自意識が働くということと、これから先に相手が何を言うか分かっているので、本当の意味でListen & Answerという作業を怠り、聴いているふりをしてしまうのです。その結果、相手役からもらったものを受け入れず、影響されないので、独りよがりの演技をしてしまいます。俳優が台詞をきちんと言って一生懸命演技をしているのに、観ていてつまらないと感じたことはないでしょうか。それは、お互いに影響されずWork off／感応しておらず、深いレベルで繋がっていないからなのです。

　徹底的に瞬間瞬間を生きてListen & Answerをするという演技の基礎は、レペテション練習を通して学ぶことができます。「瞬間瞬間を生きていく」「相手によって生かされている」マイズナーテクニックのレペテションで頻繁に言われていることです。

　どこかで聞いたようなコンセプトではないでしょうか？　そう、日本人に馴染みの深い"禅"の考え方なのです。ネイバーフッド・プレイハウスでアシスタントのイアン・マックレー先生がある夜、禅の本を読み「これはマイズナーテクニックの考え方と一緒だ。マイズナー先生はこれからヒントを得たのだろう」と、この発見に興奮して部屋を飛び出し、マイズナー先生の部屋へ向かったそうです。そして、興奮を抑えながら「先生、禅の本を読みました。先生のテクニックはここからきていたのですね」と聞くと「そんな本は読んだことがない」とマイズナー先生はあっさり答えたそうです。

　すばらしい考えは、世界共通なのです。演技を芸術の領域まで

にするのには、禅の修行のように日々精進していかなければならないと思うのです。イアンが言っていたことで、今でも心に残っている言葉があります。「常に湯飲みをいっぱいにしているのではない、誰かがいつでも注げるように……」（老子の言葉）

　吸収する気持ちや学ぶ姿勢を常に忘れずに、修行をしていって下さい。

今に集中

　マイズナーテクニックのクラスでは"Live in the moment！（今を生きろ！）"という言葉が飛び交います。

　多くの著名人の座右の銘にもなっている"前後際断"という、江戸時代に沢庵禅師が説いた言葉があります。過去も未来も断ち切り、現在、今に集中することです。

The clock is running. Make the most of today. Time waits for no man. Yesterday is history. Tomorrow is a mystery. Today is a gift. That's why it is called the present. という言葉があります。英語を勉強した人なら分かると思いますが、現在形は"Present tense"です。"今"はプレゼントです。昨日ではなく、明日ではなく、今日この瞬間に集中して生きていきたいものです。

　俳優にとって大事なことは人生と共通していて"今"なのです。

衝動について

　演技の個性、才能とはその瞬間に生まれる衝動の中に隠されていると信じています。赤ちゃんから子供、そして大人になるということは、衝動を抑えて生活するようになるということです。動物的本能を抑え理性を持ち生きていくことです。そしてこの衝動

を抑える日常生活を送っていると、いつの間にか衝動自体が何かを感じられなくなってきます。

　レペテションでは、その押し殺し続けてきた衝動を素直に感じ、それに従う練習をしていきます。俳優として、その眠っている衝動を呼び起こし、すべてのものから影響を受け、舞台、カメラの前で自由に生きることがとても重要なのです。

　衝動に従えるようになるまでには、個人差もありますが、長い年月のトレーニングが必要になってきます。一般的には、抑圧された厳しい家庭環境の中で育った人は衝動に従えるようになるまでに時間がかかります。一方、自由奔放に育てられた人は衝動に従いやすいのです。これは一般論なので個人の家庭環境、教育環境、トラウマの有無によって違います。いずれにせよ、特殊な環境で衝動に従うということは簡単なことではありません。

　「自信を持って」とよく言われますが、衝動に素直に従えるようになればなるほど、自信が持てるようになってきます。衝動に従える成功体験を積み重ねていって下さい。

　“衝動”のことを英語ではImpulse ／インパルスと言います。ネイバーフッド・プレイハウスで友人に「インパルスって何？」と聞いたら、いきなり顔の前で手を叩くので僕はびっくりしてまばたきをし、少し下がりました。すると、友人は「それがインパルスだよ」と教えてくれました。これは本能的なもので、例えば、街を歩いているときに上から物が落ちて来た場合、咄嗟に頭を守るような、頭で考えずに体が自然に動くことをいいます。

　頭で考える前に動く体の反応、心の反応が衝動です。レペテション中に“What is your impulse?（衝動は何？）”と先生に聞かれ、抑えている衝動に従う訓練をします。

「私たちの生活がいかに私たちを抑制しているかを知ることは、私たちを混乱させます。私たちがすべてを隠すように条件づけられていることは、とても恐ろしいことのように思います。そして、すべてをさらけ出すことが、私たちの仕事なのです。」「そのために、みんなはここにいるんだ」マイズナーがいった。

（『サンフォード・マイズナー・オン・アクティング』）

　ここにも書かれているように、私たちは自分を抑制し、すべてを隠すように生活を送っています。本当の気持ち、衝動を抑えて生活をしないと、日常生活に問題が生じることは簡単に想像できると思います。

　子供の頃、嫌いな友達が近づいて来たら「近くにくるなよ！」と言って、その場から追い払った経験はないでしょうか。大人の社会では、会社で好きではない上司から「ご飯でも食べに行かない？」と誘われれば、心の中では「嫌だな」と思っていても、その場から立ち去ったり「行きたくありません」と簡単に返事をすることは難しいのではないでしょうか。

　大人になると衝動を抑えているのだから、大人を演じるには衝動は抑えたままでいいのではないか！という意見があるかもしれません。しかし、演技は、日常生活とは違う観客の前、カメラの前で行わなくてはなりません。まずはあらゆるプレッシャーの中でも衝動に従える楽器（俳優の心と身体）を作り、その上で、例えば『ガラスの動物園』のローラ役のような、衝動を押し込める役などをもらったら、実際に感じた衝動を押し込めばいいのです。

　ＮＹに来て俳優のトレーニングを始めたときに、日常生活でも

怒りの衝動に従ってしまうことが時々あり、人とももめてしまうことがありました。また街を歩いていて、ちょっとしたことで悲しくなったりもしました。楽器が開き始めてきた証拠なのです。

　大事なのは衝動を素直に感じていいときと、社会生活で抑えないといけないときとを区別することです。スイッチのオン・オフです。これは、俳優として生きていく上でとても大事なことです。

Behavior ／ビヘイビア

　この言葉は、マイズナーテクニックのクラスでリピートという言葉の次に多く使われる言葉です。日本語ではふるまい、行儀、品行、態度と訳されています。演技で大事なのは、ビヘイビアが繊細で生き生きしていて、相手と感応し合うことです。

○顔の表情　55％
○声の質（高低）、大きさ、テンポ　38％
○話す言葉の内容　7％
　話す言葉の内容は7％に過ぎない。残りの93％は、顔の表情や声の質だというのである。実際には、身だしなみや仕草も大きく影響するだろう。
　ついついコミュニケーションの「主役」は言葉だと思われがちだが、それは大間違いである。

（竹内一郎『人は見た目が9割』新潮社、2005年）

　演技では、普段の生活以上に言葉以外のノンバーバル・コミュニケーションが大切です。台詞のやり取りを「言葉のキャッチボール」と言うことがありますが、本当は「ビヘイビアのキャッチ

ボール」だと思います。その上に言葉が乗るとリアルな芝居が生まれるのです。

　ビヘイビアを生き生きとさせて、作家の紡いだ言葉に命を吹き込むことが俳優の仕事です。

ビヘイビアは嘘をつかない

　好意を抱いている人の前で友人に「何、照れてんだよ。お前やつに気があるんだろ！」と言われ「そんな、照れてなんかないよ。全然好きとかじゃないもん」とはぐらかしたりすることがあります。しかし、傍から見ていて照れているのはよく分かります。言葉では嘘はつけますが、ビヘイビアでは嘘はつけないのです。レペテション練習では「自分のことも相手のことも助けるから、常にその瞬間に感じた真実を言いなさい」と言われます。

POV

　POV（point of viewの略）は観点、見解、見地などと訳され、演技用語でよく使われる重要な言葉の一つです。

　演技で頻繁に使われる形は "What is your point of view?（どのような気持ち、考え、自分の視点ですか？）" という質問形式で先生や演出家が俳優に聞き、芝居作り、役作りをしていきます。

　他に「相手役に対してのPOVは？」「この場所に対してのPOVは？」「○○（名詞）に関してのPOVは？」などの形で演出家が俳優に、俳優が自分自身に質問して使います。

　POVの置き方がキャラクターの性格を作り上げる要素の一つになります。人間はすべてのものに対して、自分の視点、考え方、嗜好、思いがあります。そして、何よりもPOVを付けることこ

演技の基本　　31

そがリアルで具体的、個人的な演技を生み出す鍵になるのです。

Be Specific／具体的であれ

　ネイバーフッド・プレイハウスのメインスタジオには大事なフレーズが数枚貼られています。その一枚が"Be Specific"です。抽象的なものは人間にあまり影響を与えませんが具体的になると自分だけではなく、他人にも影響を与えるのです。

　鉄道事故で十数名の方が亡くなったというニュースを聞くとします。「大惨事だ。たくさんの尊い命が失われた」と悲しく感じます。これが「亡くなられた方の一人はタクシー運転手の鈴木太朗さん27歳。今日は休みのため、子供を連れて上野動物園に行く途中でこの事故にあわれました。知枝ちゃん3歳は父親が胸の中に抱いており、奇跡的に無傷でした」と具体的になってくるともっと心に響き、影響を与えられるのが分かるでしょうか。演技も抽象的であると人の心に響かないのです。

　ビル・エスパーという有名なマイズナーテクニックの先生が「ビルを出た角に母がいるから迎えに行ってくれ」と生徒に頼みました。その生徒は「ハイ、しかしどのような感じで、服装などが分からないと見つけられません」と言うと、先生は「その通り。彼女は70歳で、黄色の帽子を被っていて、メガネをかけて杖をついている」と答え、生徒が「それなら見つけられます」と言ったそうです。

　ポイントは具体的ではないと行動できないということです。これから演技に関わるすべてのことをできるだけ具体的にしていきましょう。

あがり・リラクゼーション

あがり

　緊張しやすい人、あまり緊張をしない人などさまざまなタイプの人がいると思いますが、一度舞台に上がったことのある人は「あぁ緊張する。嫌だぁ」「なんで役者なんかやってんだろ！」と思ったり、手のひらに人の字を書いてのみ込んだりした経験があると思います。

　まずは、緊張はすべてが悪いものではないという考えを持ちましょう。もちろんガチガチになり、演技ができない状態は避けなければなりません。

　では、どのようにしたら緊張をほぐし、リラックスして最大限の力を発揮できるのでしょうか。大事なことは自分に合うリラクゼーションを見つけることです。アスリートが自分に合った準備の仕方をするように、ベストの演技ができる状態に持っていける方法を身に付けて下さい。そのときの心と体の状態を把握して、演じる上で邪魔になっている日常生活のごみを吐き出し、体の<ruby>緊張<rt>テンション</rt></ruby>を取り除き、演技ができる状態にする方法を自分で見つけて下さい。俳優のリラクゼーションは、ミュージシャンで言うと楽器のチューニングです。

　稽古場だけでなく電車やバスの中、歩きながらなど常に場所を問わず、リラックスできるようにする練習をした方が良いでしょう。次の項では、僕が実際に行った方法を紹介したいと思います。

リラクゼーション方法

・ストレッチ

　筋肉の緊張をほぐすと副交感神経の働きが高まるので、呼吸が深くなり、心が緩みます。常に緊張したり、体が固くなったら場所を問わず行うようにしています。

・呼吸法

　腹式呼吸、ヨガの呼吸など多くの呼吸法があるので試してみて下さい。深呼吸をすることは一番シンプルで、重要なことです。緊張を感じているときには無意識に呼吸が浅くなっています。普段の練習から呼吸を意識していくことが大事です。緊張を感じたら、深い呼吸をするように習慣化していきましょう。僕は緊張を感じたら必ず呼吸に変化があるので、まず気付き、深い呼吸をするように意識しています。

・音楽に合わせて踊る

　ヘッドフォンをして音楽を聴き、自分の世界に入り体が動くままに踊ると解放されリラックスできます。クラシック、ロック、パンク、ジャズ、ニューエイジなどいろんなジャンルの曲で試してみましょう。このとき悲しみ、怒り、喜びなど感情的なものが出てきたら許してあげ、感じるままにしてコントロールしないことです。声を出して良い環境であれば出しましょう。僕はＮＹの自宅、稽古場、ハドソン川のほとりでやっていました。

・リラックスできる音楽を聴く

　リラックスできるニューエイジ、クラシック、ヒーリング、波の音などをiPodに多く入れています。自分のリラクゼーション音楽集を作ってみて下さい。疲れ、緊張を感じたら必ず電車の中で聴いています。

・筋弛緩法

　100％の力ではなく、70〜80パーセントぐらいの力でギューッと全身、または部位に分けて筋肉に力を入れます。5秒から8秒間キープしたあと、スッと力を抜き、10秒間ほど脱力して下さい。短時間でリラックスした状態になれるので、時間がないときに使っています。

・自分の好きな匂いを嗅ぐ

　バラの香り、洗剤の香り、香水、お気に入りのアロマオイルなど。手首にお気に入りの香りをつけておいて、出番の前に嗅いでみるのも良いと思います。僕はセージは毎朝焚いていて、特別にリラックスしたいときはお気に入りのお香を焚きます。

・瞑想

　ヴィパッサナー瞑想、ヨガの瞑想、禅の数息観など多くの種類がありますので、自分に合ったものを見つけて下さい。マサチューセッツでS.N.ゴエンカ氏のヴィパッサナー瞑想を10日間籠ってやったことがあります。10日間一切、読み、書き、しゃべらずに外界からシャットアウトして瞑想三昧の日々を送ります。感覚が研ぎ澄まされて、完全にリラックスした状態になれました。

・メソッド演技のリラクゼーション

　メソッド演技のクラスで、初めに必ずやる練習です。リラックスできる背もたれのある椅子に座り、手、足、首、顎などを常に動かしてテンションがあるところをほぐしていきます。テンションを感じ固くなっている部位は、特に意識して動かします。そのとき「あぁー」「うぅー」などと声を出して下さい。もし感情的な衝動が起きてきたらそれを許してあげます。アクターズ・スタジオで毎朝行っていました。

・自分の一番好きな場所にセンソリーワーク（P134参照）で行く

　五感を使い、自分を好きな場所に連れて行ってあげて下さい。
　僕の場合は夏の夕方、銚子の浜辺で潮風に当たっている感覚がリラックスさせてくれます。

・センソリーで酔いの感覚を作る

　五感を使い酔いの感覚を作ると気持ちよくなってリラックスできます。お気に入りのお酒を飲んでみましょう。僕は赤ワインでした。

　注意しなくてはいけないのは、リラックスしてくると体の力が抜けてくるので眠くなることがあるということです。寝てしまいそうになったら、目を開けるようにして下さい。

緊　張

舞台上で緊張したら

　舞台上で、何らかの理由で緊張した経験を持っている方は多い
と思います。

　「ブルースの言ったように、集中する対象を自分の外側に移す
ことによって、緊張がとれる。そうなれば、もうすでに戦いに勝
利したようなものだ。」（『サンフォード・マイズナー・オン・アクティ
ング』）とあるように、意識を外へ外へ向かわせます。マイズナー
のクラスでは、相手に意識を持っていくことで、緊張を減らすこ
とを学びます。この自分以外の対象は舞台上であれば、ほとんど
の場合が相手役です。

　緊張し始めたら相手役に100％、いやそれ以上のエネルギーで
集中してみましょう。極限の緊張を感じたアクターズ・スタジオ
最終オーディションのときに、この方法で救われました。

すべてを受け入れる

　自分の中で起こっていることを否定しないで受け入れます。真
実を認め、否定せず受け入れるところからスタートします。臭い
ものには蓋をせずに、自分の中で起こっていることにも蓋をしな
いようにしましょう。

　緊張して「やばい足が震えてる」「舞台に上がるのが怖い」「手
に汗が……」など、頭の中でいろいろな考えが出てくると思いま
すが、まずはそれを受け入れます。そして、それを使う方向に持
っていきます。病気や体調が悪いときも同様です。絶対に否定し

ないことです。

緊張していることを使う

　緊張している状態をその状況設定に使えないかと考えます。簡単な例としては、好きな人に告白の前、病院の待合室で結果を待つとき、仕事の面談のとき、合コンのとき、怖い人や憧れの人の前では緊張していても不思議ではありません。

　プレイボーイが女性を口説くシーンでも、緊張していたら使うことは可能だと思います。頭の中で、プレイボーイだから余裕を持って口説くだろう、とイメージが出てきて、緊張していては駄目だと考えるかもしれません。しかしプレイボーイだからといって、いつも余裕で口説くとは限りませんし、絶世の美女で超タイプなら緊張するかもしれません。

　まずは、緊張していたら駄目だという決めつけをやめ、緊張している状態を許します。

　"実際起こっていること＝緊張"を認め、許し、そこから楽器（P19参照）を自由にし、シーンをやっていくとリアルな演技になり表現の幅につながります。

　すべての状況とは言いませんが、緊張を使おうと考えるとかなりの場合使えると思います。

スピーキングアウト

　「緊張している」「足が震える」「顔が硬直している」など、そのときの自分の感じていること、思っていることを口に出して言います。人に聞かれたくなければ、デタラメ語でもOKです。そのことで自分自身の状態を素直に受け入れる手助けになります。

アクターズ・スタジオのセッションで『ハムレット』のワーク
をする前に一階の図書館で準備していました。ロベルタ（P295参
照）が来ていることを知っていたので「あぁロベルタが来ていて
緊張する」「どうにか褒められたいけど、パフォーマンスじゃな
いし、うまくやる必要はない」「どうでもいいや」などと口に出
しました。そしたら自分が楽になるのが分かりました。

FUCK ITの気持ち

　"Fuck it！（もうどうでもいいやぁ）"という良い意味での諦めの
気持ちを持つと、楽になります。出番前「いつもより感情準備が
薄い」「緊張している」「うまく演じたい」「失敗したくない」な
どと頭によぎったら「もうどうにでもなれ！」と自分に言い聞か
せ、上手くやることを諦めて下さい。

　演技の落とし穴で、上手くやろうとすると、ほぼ100％失敗し
ます。Let go／手放すことで、コントロールをしなくなり精神的
に楽になります。同じように"I'm fucked up.（自分は駄目だ）"と
認めてみましょう。そして、駄目なところから「じゃあ、何がで
きるんだ」と開き直りの気持ちを持つことも大事です。

目的に100％意識を集中させる

　目的（P110参照）を強く言い聞かせ、始まる前に呪文のように
何回も「あなたにキスしてほしい」「あなたをひざまずかせる」
「あなたを口説き落とす」「あなたを部屋から追い出す」と唱えま
す。僕は、出番前に手のひらに目的を書いて、何十回も繰り返し
シーンを始めていました。目的を落とし込み、集中してやってみ
ると緊張が減ることが分かると思います。

行動に集中

　アクターズ・スタジオ最終候補生だった26歳のときに『東京のホテルのバーにて』（テネシー・ウィリアムズ作）のバーテンダー役で初めてアクターズ・スタジオのセッションに参加しました。マリリン・モンロー、ロバート・デ・ニーロ、アル・パチーノ、ポール・ニューマン、その他にも数多くの名立たる俳優たちが立ったまさにその舞台で演技ができるということは、夢であり目標でした。そしてそれが現実に起こるということで、緊張の度合いは計り知れませんでした。

　バーテンダー役だったので、シーンの中で自分に多くのタスク（やらなければならないこと）を与えました。グラスをきれいにする、カウンターを片付ける、ボトルをきれいにする、ドリンクを作るなどのタスクを与え、とにかくその行動に100％エネルギーを注ごうと決めました。緊張しましたが行動に集中したので、相手役とも感応できて、無事にシーンを最後までやり遂げることができました。

緊張しないことの問題

　2006年に『Still Life with Commentator』の公演がノースカロライナ大学、ザルツブルク、BAM[*]において行われました。BAMでの公演中、共演者の俳優マイケルが楽屋の通路で準備していました。前を通ると「マサ、駄目だ緊張していない」と言い、「緊張しろ、緊張しろ」と自分に言い聞かせているのでした。それを聞いたときに、緊張はすべて悪いものではないと改めて思いました。

　ある適度の緊張や緊張感を持たないと、本番で台詞がすぽっと抜けたり、段取りを間違ったりすることがあります。特に、本番

が長く続き緊張感が抜けてくるときには注意しましょう。

＊BAM（ブルックリン・アカデミー・オブ・ミュージック）とは、ブルックリンに1861年に作られたパフォーミングアートセンターである。ハーヴェイ劇場ではロイヤル・シェイクスピア・カンパニー、ナショナル・シアター、モスクワ芸術座、山海塾などが公演を行い、ピーター・ブルック、ピナ・バウシュ、サム・メンデス、イングマール・ベルイマン、ロバート・ウィルソンなどの世界的演出家が作品を発表している。オペラハウスでは蜷川幸雄の『マクベス』の公演も行われた。

緊張の川柳

　クラスにとても緊張しやすい俳優がいたので、書いてもらいました。皆さんも自分で作ってみてはいかがでしょうか。

　　　どうせなら　味方に付けちゃえ　緊張を
　　　緊張は　払おうとすると　追ってくる
　　　緊張を　逆手にとって　利用しろ
　　　緊張は　気づかぬうちに　消えるもの
　　　緊張よ　これからもどうぞ　よろしくね

クラス

大切なこと

　それは、講師と生徒、そして生徒同士の信頼関係を築き上げることです。必ず初回のクラスで「まず稽古場に確固たるセーフティーネットを作ることが一番重要なことで、これは僕一人ではできないので、お互い俳優、人間としてリスペクトをして、皆で努力して築き上げていってほしい」と伝えています。

　セーフティーネットなしには、怖いところに飛び込んでいけません。サーカスの綱渡りや空中ブランコもセーフティーネットがあるから行えるのです。俳優の訓練は、体を裸にするのではなく、心を裸にする訓練です。稽古場の雰囲気、環境づくりはとても重要です。

自己紹介

　クラス、稽古初日で自己紹介をすると思います。皆、初日は緊張もして、探り合い、隙を見せないようにして格好つけて守っています。以下のように自己紹介を行い、守るものを捨てて下さい。捨てたらその後に行う練習が楽に感じるでしょう。

・皆の前で人に見られたくない動き、表情をしながら一分間自己紹介をする

　必ず目を開けて人とコンタクトをします。動きのワンパターン化や振りをつけることで、自分を守らないように注意して下さい。

・赤ちゃん言葉で自己紹介をする

　これも同様に一分間行います。アドバンス練習でハードルが高いのでクラス、ワークショップの参加者のレベルや雰囲気を見て使うと良いでしょう。

トラスト練習

目隠し練習

　クラスの初日や、新しい俳優がクラスに初めて参加するときに必ず行います。

　◇クラス全員で輪になります。
　◇一人が目隠しをします。
　◇誰かが目隠しをしている俳優の背中を押します。その人は、押されたままの勢いで誰かに受け止められるまでまっすぐ進みます。受け止めた人は、方向を変えて、また押してあげます。
　◇上記のワークを10数回続けます。
　◇全員交代で行います。

　大事なことは自分でスピードや方向をコントロールしないことです。大体の人は、途中で頭の中で壁が見えてスピードを落としたり止まったりします。衝動的な感情があれば、口に出して下さい。怖ければ「わぁー！」、楽しければ「フゥー！」などと言って下さい。

　周りの人は、集中してしっかりと受け止めて愛情を持ってサポートしてあげましょう。中に入った人は完全に皆を信頼し、まるでピンボールゲームの玉のようになります。

　怖さを手放せば楽になるのです。

二人組のトラスト練習

芝居で相手役を 100％信じるということは、とても重要です。

◇二人組で前後になります。
◇前になった人は、目をつぶります。
◇スタートの合図で後ろの人は、前の人の肩に手を置き、前方
　に押しながら進み、稽古場のいろんな場所に連れて行ってあ
　げます。
◇後ろの人は、絶対に他の組とぶつかったり壁に衝突しないよ
　うに注意して下さい。
◇スピードの緩急をつけてみます。前の人は声を出したければ
　出しても良いです。
◇しばらくしたらストップして交代します。

大事なのは、完全に相手を信頼して身を委ねることです。

椅子に座る練習法

エリア・カザン[*]が生前、アクターズ・スタジオにアル・パチー
ノの公演を観に来ていて近くに座り、観劇をしたことがあります。
伝説的な演出家・映画監督の姿にオーラを感じました。

友人が彼の使っていた練習法を教えてくれました。クラスの全
員が順番に行います。

◇椅子を一脚用意して稽古場の端に置きます。
◇その椅子から 8 ～ 10 メートル離れた場所に立ちます。
◇椅子を見て、位置を確認したら目を閉じて、椅子に向かって

歩いて行き、座ります。そのとき二人が椅子の脇に立ち、椅子に座れなかった場合には尻餅をつかないようにサポートします。

　ポイントは椅子を見て距離感を図り、すぐに目を閉じて信じて突き進み座ることです。きちんと座れるかが問題ではなく、決めたことに迷わずに飛び込めるかが重要です。演技の勉強では、自分の決めたことや選択に100％決意（コミットメント）を持って行うことが大事なのです。

　これはまさしく演技の勉強の縮図です。

＊エリア・カザン：映画監督、演出家、アクターズ・スタジオの創設者の一人。監督作に『エデンの東 East of Eden (1955)』『波止場 On The Waterfront (1954)』『草原の輝き Splendor in the Grass (1961)』、演出作に『セールスマンの死』『欲望という名の電車』『熱いトタン屋根の猫』などがある。マーロン・ブランド、ジェームズ・ディーンなどの数多くの名優を世に送り出した。

ジュトーン練習

　この方法は、ＮＹを拠点にする劇団 Hoi Polloi の演出家でオビー賞も受賞したアレック・ダフィーがワークショップで行い、初めて体験しました。

　◇最低10人ほどの人数で行います。スタートの合図で各自歩き始め、いろんな場所に行きます。自分が倒れたくなったら立ち止まり「ジュトーン」と言いながら後ろに倒れます。周りの人たちは、すぐに近寄り完全に倒れる前に支えてあげます。これを数分間続けます。同時に数名が倒れる可能性があるので、集中力をマックスに持っていき絶対に床に付く前に

支えてあげます。

◇これをバージョンアップさせたのが、倒れるとき無言で倒れるものです。より一層の集中力が必要になってきます。

　この練習は、場合によっては怪我につながるおそれがありますので、行う場合は全員の覚悟と普段以上の集中力が必要となってきます。実際行う場合は数名周りに待機してもらい、万が一、誰もサポートに行かなかった場合の準備をしておくと安心だと思います。アドバンス練習法ですので、行うときは細心の注意をして絶対に怪我のないようにして下さい。

怖い領域に飛び込む

　怖い領域に飛び込むことが俳優にとって大変重要なことで、それなしでの成長はありえないと考えます。僕の大好きな岡本太郎氏が「いいかい、怖かったら怖いほど、逆にそこに飛び込むんだ、やってごらん。」（岡本太郎『強く生きる言葉』イースト・プレス、2003年）と言っています。画家も俳優も同じことなのです。

　怖い領域に飛び込んで行くとどうなるか。その先に待っているのは、楽しさと快感なのです。ジェットコースターに乗るとき、先に恐怖心が立ちますが、それを越えると楽しくなり快感になった経験は、多くの方がお持ちだと思います。演技の勉強も同様で快感になってきたらこっちのものです。

　怖い領域は、成長し続けようとすれば必ずあるので飛び込み、チャレンジを続けていって下さい。人に見せたくない部分、恐怖心を感じる領域を自分で理解していきましょう。怖い領域に飛び込むということが演技練習でピンとこない方も多いかもしれませ

んが、いずれ分かってきます。自分の限界に挑戦して下さい。

　冒頭にありますが、演技は自己暴露の芸術です。

解 放

解放とは

　"解放"って俳優にとってなんだろうと、よく考えていた時期がありました。辞書によると、体や心の束縛や制限などを取り除いて自由にすること、とあります。練習で「解放して」とよく言われることがありますが、具体的にはどういう状態のことを言うのでしょうか？　それは純粋に、感じたままを表現して衝動に従う、天真爛漫<ruby>天真爛漫<rt>てんしんらんまん</rt></ruby>な子供のようになることではないかと思います。

　大人になるということは、一般的には社会性を身につけるということです。子供のように自分の思ったことを素直に言っていては、大人の人間関係は成り立ちません。社会性を身につけることは社会生活では必要不可欠ですが、長い間抑圧されて生活していると心の扉が閉まってしまうので、俳優としては表現をする際に障害になります。

　レペテションを通して抑圧された衝動や感情を解放していきましょう。芝居では「子供と動物には勝てない」と言われています。純粋だった子供時代の感覚を呼び戻し、大きな子供になって下さい。

日常生活での解放

　時間があるときに意識して心を解放し、物や人を見て、それに対してどういう風に感じているか、頭で考えずに感じたものを素直に受け入れる練習をしてみましょう。

　例えば、公園で桜が咲いているのを見て泣きたくなるのであれ

ば泣けば良いし、ダサイ服を着ている人を見て心の中で「ダサイ！」と叫んだり、カッコいい人がいれば顔を赤らめたり、道端のきれいな花と話したければ話しても良いと思います。不審者と思われない程度にやってみると、童心に帰ったようで楽しく訓練にもなります。

サークルダンスで解放

　ニコール・キッドマンの演技コーチ、スーザン・バトソンが行っている練習法を参考にします。

　◇輪になって中に一人が入ります。
　◇音楽を流します（音楽の選択はテンションが上がる曲、スローな曲、激しい曲などいろいろな種類の曲をかけてみます。)
　◇輪の中に入っている人が音楽を聴いて体を動かします。自分で動くのではなく、音楽に動かされる感覚です。
　◇周りの人は中の人と同じ動きをして、その人が感じていることを感じようとします。
　◇中の人は、動きをパターン化せずに感じるままに動きます。そのとき必ず目を開けて周りの人とコンタクトをします。
　◇悲しみ、喜び、怒りなどの感情的な衝動が出てきたら許してあげます。声を出したければ、感じたままを「あぁー」「おぉー」「ふー」など音にして出しても良いです。
　◇全員交代で行います。一人の持ち時間は1、2分が目安です。

　音楽を使い解放できると同時に周りの人と動きで繋がることができ、クラスの一体感も生まれます。自分で振りをつけてしまう

人は、目をつぶりゆっくり音楽を心に浸透させていきます。充分に入れば自然と体が動いてきます。目を閉じると自分の世界へ入って行けて自由に動けると思います。初めは良いですが、体が自然と動き出したら必ず目を開けて周りの人とコンタクトをしていって下さい。

　俳優は演技中に感情があふれ出ると自分の感情に酔って気持ち良くなり、周りとコンタクトをしなくなることがあるので、目を開けることはとても重要です。

シアターゲーム

ゲーム

　多くの人はクラスや稽古初日は緊張をしていると思います。ゲームを行い没頭し始めると、楽しくなり緊張を忘れます。ゲームはクラスや座組の一体感を作るのにも役立ちます。

　ご存知のゲームも多いと思いますがいくつか挙げてみます。

　Zip Zap、フルーツバスケット、椅子取りゲーム、兵隊さんゲーム、名前鬼、ウインクキラー、インディアンポーカー、……以上のゲームは、インターネットで検索するとやり方が出てくるので省略します。

・バズゲーム (5、6名から10数名まで)

　輪になり、1から順に数字を言います。初めの人が「〇の倍数」とコールします。(2はなし) 例えば、6の倍数とコールされた場合は、6がつく "数字" と "倍数" を言うときに、数字の代わりにバズと言います。60はバズ、61はバズ1、62はバズ2、とんで66はバズバズと言います。スタートしたら時計回りでテンポよく言っていきます。間違えたらリセットして、間違えた人がまた新しい数字をコールします。大人数で行う場合は間違えた人から抜けていき、数人になるまで続ける方法もあります。

・コインを手の甲に乗せ、落としあうゲーム (最低5、6名から)

　各自どちらかの手の甲にコインを乗せます。スタートの合図で動き出し、他人のコインを落としていき、最後に残った人が勝ち

となります。

・風船ゲーム

　ワンポーズクリエーター・外山晴菜さんのムーブメントのクラスで初めて体験しました。

　◇スタートの合図で動き出し、常に動きます。風船を下に落とさないようにしながら、打つときに1から100まで数えながら皆で打っていきます。落としたらまた1からスタートします。一人で二度打ちは禁止です。手は使ってはいけない、頭だけなどと制限をつけることもできます。100までできるようになったら風船を二個、三個にしてみます。

　◇打ちながらしりとりをしていきます。"ん"がついてしまった人、風船を落としてしまった人、打つ瞬間に言えなかった人が負けです。難しくするために有名人の名前、地名限定のしりとりなどがあります。

　◇打ちながら古今東西ゲームをします。最初に誰かがお題を決めます。例えば、戯曲、女優、劇作家、劇場、大学などです。「古今東西　小説家の名前」とコールしてスタートします。これも必ず打つ瞬間に言います。誰かが前に言った名前を言ったり、風船を落としたらゲームが終了し、落とした人が次のお題をコールし再開します。罰ゲームを付けると緊張感が増します。

　この他にもゲームはたくさんあると思うので試してみて下さい。遊んでいると楽しくなり童心に戻れ、緊張から解放されます。

マイズナーテクニック・レペテション

マイズナーテクニック

　発祥地であるＮＹでマイズナーテクニックを学び、リアルワールド（オーディション、現場、本番、ショービジネスなど）で使って初めて、僕の血となり骨となりました。拙い英語力ながらフィル（P296参照）のもとでスタートし、半年間、一年目のプログラムを学びました。その後ネイバーフッド・プレイハウスへも通い、フィルのもとでは二年目のプログラムを学びながら同時に一年目のプログラムも受講しました。一時帰国とＬＡ<ruby>ロザンゼルス</ruby>での経験ののちＮＹに戻り、再びフィルのもとで一年目のプログラムを学び直しました。トータルして三回半にわたり、一年目のプログラムを受講したことになります。この本では、それに加えて日本で指導した経験をもとに、独自で解釈した部分も含めて説明していきます。

　レペテションは、グループシアターのメンバーの一人であったサンフォード・マイズナーが作った、このテクニックの基礎、根幹の練習法です。まず初めにレペテションを習得し、それをベースに各練習が続いていきます。ネイバーフッド・プレイハウスでは二年間で習得するプログラムになっており、一年目の優秀者が二年目に招待されます。

　ＮＹに渡り、半年後にフィルのクラスに飛び込みました。レペテション練習は相手のビヘイビアをピックアップしていき、繰り返していく即興です。

　当時、僕は英語を話せないので相手の言っていることが聞き取れませんでしたし、意味が分からない単語、スラングが飛び交う

練習は困難を極めました。大変でしたが、相手の言っていること
を必死に聴こうとしたので、演技で重要なListen ／聴く力を身に
つけることができました。この練習法は英語のしゃべれない僕に
とって極めて有効な英語習得法で、英語力を伸ばしてくれました。

Reality of Doing ／行動のリアリティー

レペテション練習の始まる前に**演技とは行動すること**だと言わ
れます。クラス初日には、先生から「目をつぶって、外を走る車
が何台か数えなさい」「この部屋に電球はいくつあるか？」「166
＋ 277 ＋ 872 ＋ 82 ＋ 771 ＋ 46＝いくつですか？」など聞かれ答え
を導き出します。

このやりとりから、演技のリアリティーを生み出すためには行
動を100％することが重要だと学びます。

観察練習

二人が向かい合って椅子に座ります。スタートの合図で、一分
間片方が相手の頭のてっぺんからつま先までどのような感じか、
事細かに観察し覚えます。大事なのは具体的にディテールまで覚
えることです。

一分後に目をつぶりどのようだったか具体的に答え、一人が終
わったら交代します。大事なのは観察して覚えるという行動を
100％行うということです。

一語

実際のレペテションを行う前の練習でListen & Answer の基礎
を学びます。同じく二人が向かい合って椅子に座ります。片方が

目をつぶりオープンの合図で目を開け、一番初めに飛び込んでくる相手のことを一語で言います。例えば髪、目、口、鼻、メガネ、ほくろなどです。その一語を繰り返し、終わりの合図がかかるまで数分続けます。

たった一語の繰り返しですが、例えば相手が笑ったら笑ってしまったり、声が小さくなれば小さくなったり、強く言えば強くなったりするかもしれません。相手から影響を受け、次の繰り返しに影響されます。

感応の始まりです。

一行

次は一語から一行にしてみます。同じ方法で、片方が目をつぶり、オープンの合図で目を開けて、今度は一番初めに飛び込んでくる相手のビヘイビアをピックアップします。

例えば「あなたはニヤニヤしている」「あなたは下を向いている」「あなたはおどおどしている」などと始めます。それを繰り返し言葉を変えずに終わりの合図がかかるまで数分続けます。相手の言ったことをそのまま繰り返すのですが、主語であるあなたを私、僕、俺などに変える必要はあります。注意点は目を開けてすぐに言うことです。なぜなら "間" が空くと頭で考えてしまうからです。

次に同じ一行を繰り返すのですが、必ず一つ前に言ったことを聞いたように繰り返して下さい。相手が噛んだり「あぁ」「うっ」「えぇ」と入る可能性、何らかの拍子で言葉が変わってしまうこともあり得るので、もっと相手への集中力を高めてListen & Answerしなければなりません。相手が絶対に同じことを言う、

という仮定は排除しなければなりません。

レペテション練習法

　椅子に向かい合って座ります。講師がどちらから初めにビヘイビアをピックアップするかを伝えます。相手に意識を持っていき、ビヘイビアをシンプルに言います。例えば「あなたはニヤニヤしている」「あなたは私を見ている」「あなたは口を開けている」「あなたは緊張している」などと始めます。相手が言ったビヘイビアをシンプルに繰り返していきます。

　相手が変化したり動いたりした場合に、それをピックアップして言葉を変えます。このポイントが一番難しいところです。変化したところをピックアップしても、そこに自分のPOV（P31参照）が乗っていないと、ただコメントするだけになってしまいます。

　練習開始当初は、楽器が閉じているので、何を感じているか分からないことが多いです。なぜ繰り返すかというと、繰り返すことによって、本当に自分でどう感じているかを感じ取れるようになるからです。例えば、相手が下がったので「あなた下がった」と言います。楽器が開いていて繊細に感じられるのであれば、初めから自分のPOVが乗ります。

　「あなたは下がった」「私は下がった」「あなたは下がった」「私は下がった」と繰り返すうちに、POVを感じられるようになります。そのとき寂しく感じたのか、安心したのか、イラついたのか、などと自分のPOVが乗ってきます。そして「あなた下がった」と言った人にPOVが生まれ、ビヘイビアに変化が出たら「あなた寂しい」「あなた安心している」など言葉を変えます。POVが生まれなくても、相手に動きがあった場合などは言葉を変えるポ

イントです。

　抽象的な言い方になりますが、言葉を意識的に変えるのではなく、繰り返していくうちに背中が押されて、レペテションに変えてもらう感覚です。変えようとして変えた場合は、思考回路を通り頭からきている場合が多く、衝動からきていません。最終的には深く繋がり、感応を始めると言葉なんてどうでもいい状態になります。究極のそこにいるだけの状態になり相手と深く繋がります。俳優に絶対的に必要なのはこのレベルの繋がりです。

なぜレペテションなのか？

　レペテションで得られるものはたくさんあります。Listen & Answer、衝動に従い瞬間瞬間を自由に生きられる、相手と深いレベルで繋がれる、自意識を減らせる、楽器のさびを落とせる、せき止められている感情を解放して楽器を磨けるなどがあります。レペテションを続ければ、天真爛漫な子供のように無邪気で感性豊かな繊細な楽器になっていきます。

　昔は皆子供だったのだから、必ずそのようになれると僕は信じています。

　　子供は誰でも芸術家だ。問題は大人になっても芸術家でいられるかどうかだ
　　　　　　　　　　　　　　　　　　　　　　　　　　──ピカソ

　始めた当時、レペテションをなぜやっているのかよく分かっていませんでした。毎日「？」の日々でした。プログラムをひと通り終えた後、リアルワールドでの経験を通して、学んだことの重要性が分かりました。テクニックは現場・本番で使うことによっ

て自分の血となり肉となるものです。大事なのは、なぜやっているのだろうと考えずに、とにかく信じてやり続けることなのです。

やり続ければ必ず点と点を結ぶ線が通ったように「あぁだからかぁ」「こういうことかぁ」「これはすごい！」と胸にストンと落ちるときがくるでしょう。

基本的なルール

これらのルールは、思考や社会的な考えを排除し、瞬間瞬間に相手と繋がれるようにと考えられています。

一回は必ずリピートする
質問をしない
言い訳をしない
過去のことは言わない
謝らない
溜息、「あぁ」「うー」「おぉ」などの感嘆詞も含め一言一句繰り返す

"Never Justify！（決して正当化するな！）"
"Never Explain！（決して説明するな！）"

・自分のことを言わない

自分のことを言わないことで意識が自分に向かないようにします。ネイバーフッド・プレイハウスではとても重要なルールでした。もし自分のことを言って良いと許可を出したら、自分のことばかり言うようになり、意識が内向きになって、相手との交流が

減るでしょう。

しかしフィルはこの点に関してはどうしても言いたくなったら良い、と言っていました。僕も基本的には言わないほうが良いと思うのですが、経験上、それが絶対でもまた窮屈に感じてしまうので、本当に言いたくなったときはその衝動に従いましょう。

・相手を絶対に傷つけない

レペテションの最中に怒りの衝動が出てきて相手を叩いたり、殴ったりしたい衝動が出てくると思います。もしそのような衝動があれば、ベッドや枕を叩いたり、壁を殴ったりしても良い場所ならそうします。フィルのスタジオの壁はボロボロでした。起きた衝動を感じた分だけ外に出すことが重要です。フィルのクラスでは、もし相手を殴ったら即クラスを辞めてもらうと言われました。一度、怒りの衝動でコンクリートの壁を殴り、手を骨折したことがあります（治療代は3,000ドルでした）。

もちろん、自分も傷つけてはいけません。

・主語を言う

日本語ではほとんどの場合は主語を省いて日常会話をしますが、レペテションでは意識して主語（僕、私、俺、拙者など）を入れて下さい。

ＮＹで日本人の俳優仲間とレペテションの勉強会を始めたときから、主語をどうするか問題となりました。主語を入れてやると、会話が不自然に感じられますが、英語では必ずと言っていいほど主語を入れて話します。日本語の日常会話では省いてコミュニケーションを取ることが多いです。しかしレペテションで主語を言

うと、自分の言っていることに責任や重みを感じることができます。

　以前、クラスである女優さんが「えくぼがカワイイ」と相手に言われ嬉しそうに感じているのですが、そのとき心のボタンを完全には押されていないと見えました。そこで「あなたのえくぼはカワイイ」「私のえくぼはカワイイ」と主語を入れリピートしたらボタンを押されPOVが乗り、少女のような笑顔で喜びました。主語を入れてレペテションをすると、最初は違和感がありますがそのうち慣れてくると思います。基本は主語を入れて練習してみて下さい。

よくレペテションをしていたネイバーフッド・プレイハウス近くの公園

ルールを守る

　ルールは守らなければなりませんが、そのルールに縛られない
ことが大切です。ルールを自ら壊すのではなく、ルールを壊さな
ければいけない瞬間がきた場合は壊しても問題ないでしょう。

　演技とは関係ない例ですが、仲の悪い隣人同士で敷地に一歩で
も入ったら10万円という取り決めをしたとします。しかしその
敷地内で誰かが頭から血を流して倒れていれば、ルールを壊し、
敷地に入ってその人を助けると思います。

　レペテションも同じように絶対に一回はリピートする、絶対に
過去のことを言わない、絶対に自分のことを言わない、などと
100％ルールを守ろうとすると窮屈すぎて、逆に自由になれない
と思います。この塩梅が難しいところなのです。

真実を伝える

　レペテションを通して思考を減らし本能、衝動にもとづいた演
技を追求します。気を遣わずに勇気を持って、常にその瞬間に感
じた真実を正直に伝えて下さい。

　日常生活では言わないようなことでも正直に言うので、生徒さ
んから相手を傷つけたくないと言われることがあります。しかし
レペテションはその瞬間に感じた真実を伝え合う練習なので、そ
の人自身をジャッジしているわけではないのです。ルールさえし
っかり守れば安心して行われるすばらしい演技練習法です。

　「紳士淑女では俳優になれない」と、マイズナーは言っていま
す。もちろん演技上のことではありますが、練習のときは良い子
ちゃんをやめましょう。

"99の嘘の瞬間よりも一つの真実の瞬間が大事"

3、4人でレペテション

これはクラスでも行いますが自主練習をやるときに良いでしょう。ネイバーフッド・プレイハウスに通っていたとき、僕はクラスの始まる前や放課後に、学校の地下室や教室、近くの公園でやっていました。ビヘイビアをピックアップする力がつきます。

自主練習

レペテション練習が始まると、時間がある限り、クラスメイトや先輩など相手を見つけて練習をするのが良いでしょう。僕は時間や場所を問わず、アパート、デパートのエスカレーター、エレベーター内、公園、レストラン、道を歩きながら練習をしていました。どんな場所や状況でも相手と繋がれるようになります。

傍観者にならない

特に初期のレペテションで相手と感応できず、ただ相手のビヘイビアをピックアップして壊れたレコードのように繰り返してしまうことがあります。僕はこれを "ビヘイビアコメンテーター" と呼びます。理由は、楽器が閉じている、自分をさらけ出すのが怖い、頭で考えすぎている、真の意味で人と繋がることを恐れているなどがあります。

「人生に命を賭けていないんだ。だからとかくただの傍観者になってしまう。」（岡本太郎『強く生きる言葉』イースト・プレス、2003年）とあるように、芸術家である俳優は命がけで相手と繋がる気

持ちが大切です。相手と絶対に繋がるんだという意志のもと、練習を行えばいつかできるようになります。

センソリーとレペテション

スタニスラフスキーシステムから派生してメソッド演技、サンフォード・マイズナー、ステラ・アドラー、ウタ・ハーゲンなどのテクニックがあります。ＮＹには、メソッド演技のリラクゼーションを行ってからレペテションに入る先生もいます。

以前、アップスアカデミー（奈良橋陽子氏主宰の俳優養成所）で、日本人で三番目のアクターズ・スタジオのメンバー・米倉リエナさんと合同ワークショップを行ったときのことです。彼女が隣の部屋で酔いのセンソリーワーク（P82参照）を誘導してから、僕がレペテションを指導しました。酔いの感覚が残っていてリラックスした状態からレペテションに入るので、楽器が解放されていて、感応しやすく相手と繋がりやすくなっていました。

レペテション・アレンジ

僕がテクニックを学び俳優・講師としての両方の経験から考えた練習法です。

・相手を名前で呼ぶ

「けんじはテレている」「かおりの笑顔がカワイイ」「英治は怒っている」などと主語を名前にすると、個人的に感じ取れると思います。

・遠く離れて

相手を聴こうとするので、伝えようとするエネルギーが上がり

ます。

・背中合わせで

　身体的に繋がることによって、自分の気持ちや相手の気持ちをより繊細に受け、心の変化も感じやすくなります。

・目を閉じて

　より一層聴こうとします。

・追いかけっこをして

　ゲームに集中するので、思考が減ります。

・オノマトペ

　「ぐにゃぐにゃ」「ふにゃふにゃ」「にゃ〜」などの擬態語・擬音語は、柔らかいイメージのときに使われます。それらを使うことによって、身体が柔らかくなり、心も柔らかくなるでしょう。

・ウィスパー

　声に抑制がかかっているので、離れて行うと、伝えようと必死になります。

・赤ちゃん言葉

　カッコつけられないので、楽になります。

・手押し相撲

　相手に集中し駆け引きをするので自意識が減り、勝ったときや負けたときのPOVが乗りやすくなります。

・向き合って手を繋ぐ

　手のぬくもりを感じるので、より一層相手と繋がるようになります。

・逆立ちで

　肉体的に追い込まれるので、頭で考えられなくなり、自分に起きていることと言葉が繋がります。

・動物の鳴き声で（犬、猫など）

　言葉にとらわれず自由になり、思考も減ります。

・英語

　英語を話せないと必死に伝えようとし、また日本語以上に聴こうとします。

・キャッチボールをしながら

　ボールを投げると同時に言葉を発することで、伝えることが肉体的に感じられます。また、受ける側についても同様です。

　クラスでは、強制的に解放しようとすると楽器を傷つける可能性もあるので、慎重に俳優の楽器の状態をみて使い分けています。

No Head ／頭を使うな

　フィルのクラスでもらったプリントに "No Head（頭を使うな）" と書かれていました。人間は考える動物なのでどうしても考えてしまいます。

　演技中に思考をすべてなくすのは至難の業です。頭で考え始めたら基本に戻り、相手に意識を100％集中し、ビヘイビアをピックアップしてリピートして下さい。頭で考え始めると、その瞬間にだんだんいられなくなり感応しなくなって負のスパイラルに陥ります。落とし穴に落ちたときのように、そのとき助けてくれるのは自分ではなく相手なのです。自分一人で演じるのではなく、相手の慈悲にすがり演じさせてもらっている境地にたどり着けたら、演じるのが自由になり楽しくなっていきます。

"Act before you think !（考える前に行動しろ！）"

恩師フィルと。写真左のホワイトボードに「Act before you Think」と書かれています。

閉じる感覚

　意識的に感じられるときがあります。電車の中で変わった人、酔っ払いなどが近づいて来たときや、話しかけられたときなどに、とにかく反応しないように努力したことがないでしょうか。それが極端な例で、心を閉じている状態です。

　レペテションでも同じように、繰り返しが早いときやモノトーンになっているときは、心が閉じている状態になっています。レペテションを始めたばかりの人から「何も起きていないときはどうすればいいのですか？」と質問を受け「何も起きてないときは、死んだときだよ」と冗談で答えます。すべての瞬間に相手と繋がることが重要で、怒り、悲しみ、喜びなどの強い衝動を感じる瞬間だけが繋がっているわけではありません。

"Every single moment has a meaning.（すべての瞬間には意味がある）"

オープンな気持ち

　人間は自分を守るために多くの時間、心を閉じて生活しています。混雑した電車に乗るとき、心を閉じていなければ、人がぶつかってきたり、イヤフォンからの音漏れや、携帯で話す人などからいちいち影響を受けてしまい、怒ったりイライラして神経が持ちません。

　レペテションの初期に起こりやすいのは、リピートするだけで相手を受け入れず、繰り返しがモノトーンになってしまうことです。長年閉じていたので、簡単にオープンになれるものではありません。大事なのは心の扉を開け、オープンな気持ちで、相手を自分の中に入れようとする気持ちと意志なのです。ただレペテションをするのと、そのような気持ちでするのとでは大きく違うのです。

　オープンな気持ちとはレペテションだけではなく、日常生活においても、成長するためには大事なことです。好奇心がなくなったら俳優の成長は止まります。偏見を持たずに、自分の知らないものに対して心を閉ざすのではなく、扉を開けて入っていって下さい。

　そこには、必ずたくさんの宝物があります。

　大切なのは、疑問を持ち続けることだ。神聖な好奇心を失ってはならない。
　　　　　　　　　　　　　　　　　　　――アインシュタイン

スリーモーメントゲーム

　二人組になり一人が刺激的、挑発的なことを聞きます（刺激的なほど良い）。そして相手が繰り返します。その返答のときのビヘイビアが何を言っているかをピックアップして伝えます。

　例）

A　あなたは母親の財布からお金を拝借したことがある。

B　（ドキッとしてドギマギしながら、または冷静に）私は、母親の財布からお金を拝借したことがある。

A　（そのビヘイビアを読み、拝借していると思ったら）拝借したことがある。

B　正解を言います。

　質問例）

・あなたは学生時代にカンニングをしたことがある

・あなたはピンポンダッシュをしたことがある

・あなたは人前で「プッ」と音を出してオナラをしたことがある

・あなたは酔っぱらって記憶をなくしたことがある

・あなたは二股をかけたことがある

　瞬間に相手のビヘイビアが何を言っているかをピックアップする練習になります。僕は電車の中、街中で、人のビヘイビアを研究するのが好きです。人の言っていることではなく、ビヘイビアの意味をピックアップすることにより、鋭い観察力が磨かれます。

マイズナーテクニック・レペテション　69

インディペンデント・アクティビティ

ゲーム・アクティビティ

　レペテションの次に行う練習で、一人で難しい作業(タスク)を行いながらレペテションをします。

　まず初めに、肉体的に集中する難しいタスクを行います。僕が初めてネイバーフッド・プレイハウスで行ったのは、閉じたパイプ椅子を手のひらに立てて乗せ、落とさないようにバランスを取りながら、ワンサウザンドワン（1001）からワンサウザンドハンドレッド（1100）まで数えるタスクでした。普通に数えるより難しくするために、ワンサウザンドを入れます。そのタスクを行いながら相手とレペテションを行います。僕はこの練習を "ゲーム・アクティビティ" と呼びます。肉体的に難しいことのほか、簡単に達成できないタスクやゲームがあります。

　例）
　パイプ椅子、ほうき、傘でバランスを取る
　トランプでカードハウス
　知恵の輪
　パズル
　ジャグリング
　など

　ポイントは、制限時間内（7〜10分）でできなさそうでできるもの、簡単過ぎず難し過ぎないものを選ぶことです。パイプ椅子

の例でいえば、運動神経やバランス感覚には個人差があります。それに応じて、100までを50、30に調節しなければなりません。椅子を片手に乗せることも難しい人に100まで数えてもらうゴールはハードルが高過ぎます。初めから諦めの気持ちになるようなゴールではエンジンがかかりません。ゴールを決めたら絶対に成功させる強い気持ちで行います。

　練習では自分の行っているアクティビティに100％集中し、制限時間内に成功させます。そこに相手が入って来てレペテションが始まります。心をオープンにして相手を受け入れることが重要です。もしタスクを成功させても、相手を完全にシャットアウトしていては意味がありません。

　成功したらご褒美をあげたり、できなかったら罰ゲームをつけると、集中力やモチベーションが上がるでしょう。ネイバーフッド・プレイハウスでは、マーティン先生が「できたら20ドルあげるよ」と言って、モチベーションを上げるようにしていました。僕もクラスでマーティン先生と同じことをしています。

・ジェンガ
　二人でジェンガをしながらレペテションを行います。勝った人は負けた人から何かもらえるなど、罰ゲームをつけると勝ちたい気持ちが強くなります。ゲームに集中しますが、必ずレペテションはして下さい。このゲームで今まで多くのすばらしい瞬間を見てきました。

　ちなみにレペテションのことを「レペテション・エクササイズゲーム」と呼ぶことがあります。レペテションは簡単ではない演技練習ですが、ゲームなんだという気持ちで行うと楽になり楽器

が開き始めることがあります。

個人的なアクティビティ

　自分にとって精神的・肉体的に難しいタスクをクラスに持ち込み制限時間内に行います。ゲーム・アクティビティ同様、できなさそうでできるもの、簡単過ぎず難し過ぎないものを設定します。この塩梅がとても難しいのです。

　詳しくは下記で説明しますが、例えばボタンを取り付けるタスクを選びます。制限時間内にボタンを一つつけるのか、それとも二つにするのか、三つなのかを決めるのがポイントになります。裁縫が得意な人は四つか五つで、慣れない人がやるなら二つで充分なのかもしれません。簡単過ぎるとカジュアルになり、難し過ぎると諦めの気持ちになり、エンジンがかかりません。

　そこに10分から15分の制限時間を決め Sense of Urgency ／緊急性を入れます。なぜ "今"、制限時間内にやらなければいけないのかが重要です。

セットアップ

　マイズナーテクニックの教えは "今の自分を使う" ということです。現在の自分の置かれている状況にディテールを肉付けしてストーリーを作っていきます。

　◇今現在、自分の置かれているリアルな人間関係や状況からスタートします。
　　注意点は、祖父がすでに他界しているのに大好物のご飯を作ってあげる、甥がいないのに絵を描いてあげる、恋人がい

72　　　　　　　　Ⅰ 演技術編

ないのにその人へのプレゼントをラッピングする、などは実
際にはできないことなので使えません。

◇想像でディテールを付けていきます。

　　ディテールの一つひとつを自分の想像力の範囲内で信じら
れるかが重要です。同時に具体的にしていくことが重要なの
で、できる限り具体的にしていって下さい。実際の生活なら、
朝起きてから夜寝るまでの行動を具体的に知っているはずで
す。

　練習が終了すると、先生がオーディションに行くアクティビティ
ティなら「何時から？」「どこで？」「監督は？」「相手役は？」「何
役？」「どこからこのオーディション情報を得たの？」などと質
問してきます。

　重要なのは「なぜ今でなくてはいけないのか？」「なぜ制限時
間内に行わなければいけないのか？」「なぜこのタスクが重要な
のか？」と自分自身に質問することです。

　タスクとの個人的な繋がりがとても重要で、料理を作るのであ
れば「なぜこの料理でなくてはいけないのか？」です。後述する
僕の例で、好きな女性（ジョディ）に寿司を作るのであれば、彼
女はカリフォルニアロールが大好物なので、カリフォルニアロー
ルを選ぶことに個人的な繋がりがあります。

　もう一人の自分が質問をしていってすべて答えられる状況まで
作ったら、クラスに持っていきます。

　ルールとして、アクティビティは事前に練習をしてはいけませ
ん。

インディペンデント・アクティビティ　　73

（僕の例）

・大事な人に手紙を書く

　ネイバーフッド・プレイハウスで、アクティビティができない僕に「両親は健在か？」「お前のことを応援してくれているのか？」と先生が聞きました。「元気ですごく応援してくれています」と答えると「よし、今から両親に学校で全然上手くいかず、俺に辞めろと言われて、今から日本に帰ると手紙を書け」と言われました。

　想像できると思いますが、書き始めるといろいろな思いが出てきました。そして初めて想像の設定の中で真実に生きられ、相手とも感応できました。

・オーディションのために台詞を覚える

　ＮＹで黒澤明監督の映画オーディションがあるので台詞を覚えることをしました。簡単に説明すると、15分前に日本食レストランで働いている友人（カズ）が黒澤監督と会い、英語を話せる日本人俳優を探しているというオーディションの話を聞いて電話をくれ、今FAXで台詞が届き、台詞を覚えて10分以内にアパートを出て、オーディションに向かわなくてはいけない。監督は短期ＮＹ滞在で今日しかオーディションをせず、準主役なのでゲットできたら有名になれる千載一遇のチャンス！という設定にしました。当時はこのような状況があり得そうだったので、簡単に信じることができました。

・料理を作る

　当時好きだった女性（ジョディ）の大好物がカリフォルニアロ

ールだったので、作りました。

・脅迫状を作る

　とても憎んでいた人に、日本語の新聞から文字を切り取り脅迫文を送るということをしました。

・好きな女性が自分の部屋に来るので、部屋をデコレーションする

　時期はずれますが、当時好きな女性（ターラ）のために部屋に小さいキャンドルを並べて彼女の名前を作り、火を灯しました。

　他にわら人形を作り五寸釘を刺す、デートの準備、千羽鶴を折る、手術前の大事な人に絵を描くなど、いくらでもあります。

　行う場所は基本的に自宅に設定します。本当にその状況であればするであろうことを、できるだけ行うことが大事です。例えば、重要なデートのために準備をするとします。普段あなたが実際に勝負パンツに着替えるのであればそれを行い、準備が終われば部屋から出て行きます。宅急便で物を送るのであれば、荷造りをして、終われば財布を持って部屋から出て行きます。

アクティビティで大事なこと

　アクティビティでは想像力が鍛えられ、与えられた状況設定の中で真実に生きられるようになります。何を愛し、誰を愛し、誰に認めてほしくて、何が好きで、誰が嫌いで、誰を憎んでいて、何が夢で、何が幸せにしてくれるのかなど、自分自身がよく分か

ってきます。普段意識しなくてもいい領域とも向き合わなければなりません。今の自分はどんな人間なのか？ということを、俳優として一生問い続けなければなりません。

　実際に家で考えてきたことをクラスでやるとワークしないときがあります。演技というものは机上の論理ではなく、実際に答えを出していくことが重要です。演技練習を失敗、成功の観点で見るよりも、何を発見できたかどうかが重要なのです。

　大事な人を病気にしたり、死なせてしまうような設定を考えてアクティビティでやるのは辛いと思いますし、やりたくないと思うかもしれません。マーティン先生が練習が終わった後にその人に電話を入れて、とにかく話すのが良いと言っていました。そうすることによって安心できるでしょう。

　生徒さんから「アクティビティのアイデアが出てこないので苦しくて大変です」とよく聞きます。アイデアとは考えに考え抜いた末にふと閃いたりします。脳みそを雑巾のように絞り最後に出てくるエキスのような感じです。絶対に妥協しないのが大事です。

　普段からアンテナを張り生活することによって、街で見かけたふとしたことやTVで見たCM、番組からアイデアを得ることができます。100円均一ショップ、東急ハンズ、ドン・キホーテなどで商品を見ているとアイデアが出てくるときもあるでしょう。

空想は知識より重要である。　　　　　　　——**アインシュタイン**

相手が入ってくる

　初めは、アクティビティを行う人が集中できるように、入る相

手は、数分間座って観察だけをしています。講師の合図でレペテ
ションを開始します。入る人はいきなり入るのではなく衝動が起
こったり、相手のビヘイビアに変化があった時にピックアップし
てスタートします。

　衝動もないのに相手のビヘイビアをピックアップして先生に止
められたことがあります。一言目を発するのがとても難しいので
す。僕が合図を受けすぐに言葉を発したら「何の衝動もないのに
しゃべるな。何かが起きるまで何もするんじゃない」と注意され
ました。そのとき相手がやっていたアクティビティはジャグリン
グで、彼女は笑ってしまうほど下手だったのです。それをしばら
く見ていたら呆れてきて、ボールを落とした瞬間に思わず笑って
しまい「あなた下手くそ」という言葉が出ました。そのとき先生
に「それが何かが起きるまで何もするなということだ」と言われ
ました。初めて衝動に従い思わず言葉が出てしまった感覚を味わ
うことができました。

　アクティビティに入ってくる人は邪魔をしたくないので気を使
い、引いてしまいます。そうなると客観的になり、ただ相手のビ
ヘイビアをピックアップするだけで、相手と感応しなくなること
があります。演技練習なので、遠慮せずに相手に集中して繋がれ
るようにして下さい。

**Don't do anything until something happens to make you do
it.（自分に何かさせるものが起きるまで、何もするな）**

—— サンフォード・マイズナー

ノックをして入ってくる場合

◇相手が部屋の外に行き、数分後にノックをします。

　ノックをする人は、具体的なノックの意味を決めます。例えば激しい、臆病な、面白い、急いでいる、ファンキーなノックなどです。

◇ノックの音がしたら、アクティビティを行っている人がドアを開けて、どのようなノックだったかを言ってレペティションがスタートします。

　例えば激しいノックと感じたら、ドアを開けてすぐに「激しいノック」と言い、相手も「激しいノック」と繰り返してレペティションが始まります。「激しいノック」をモーメントが変化するまで繰り返します。

　重要なのは、一番初めの瞬間（ファーストモーメント）が真実であることなのです。その瞬間が真実であれば、次の瞬間も真実である可能性が高くなります。しかし嘘であれば、次に続く瞬間は嘘になる確率が高いのです。登場のときやモノローグを始める瞬間が一番重要だということをリアルワールドに出て痛感しました。

◇制限時間がきても、終わりの合図がかかるまでレペティションを続けます。

　もしアクティビティをやっている人がタスクが終わり部屋から出て行ったら、残された人はその瞬間に感じるままに行動します。相手を追いかけて部屋を出るのか、そのまま部屋に残るのか、衝動に従って下さい。

シーンの中で

　タスクをやりながらのシーンはよくあります。

例）

掃除をしながら

台所で料理を作りながら

新聞を読みながら

化粧をしながら

出掛ける準備をしながら

何かを書きながら

　"こういうことをやっていますよ"とIndicate ／示す演技ではなく、その行動を100％することが大事なのです。新聞を読むなら読みます。掃除をするなら掃除をします。料理を作るなら料理を作ります。化粧をするなら化粧をします。大事なことは、"ふり"をしないことです。行動がリアルでなければリアリティーのある演技は生まれないのです。

センソリーワーク　I

センソリー

　Sensoryは「感覚、感覚上の、知覚の」と訳され、メソッド演技では一番使う言葉です。

　まずコーヒーカップの練習から始まり、レモンの味、日光を浴びる、シャワーを浴びる、身体の痛み、酔いなどの感覚を研ぎ澄ます練習をしていきます。

　僕は、マイズナーテクニックを習得してからセンソリーワークを学びました。経験上、ある程度楽器が開いていたら、すでに感覚が繊細になっているので、センソリーワークは、やりやすいと思います。

コーヒーカップ練習法

　◇実際にコーヒーの入ったカップを用意します。

　◇椅子に座りリラックスした状態で、カップをよく観察します。
　　色、取っ手、絵柄などをよく見ます。

　◇実際に触りカップの熱さを感じます。
　　熱さをどこでどれくらい感じるかをじっくりと感じます。

　◇持ち上げて重さを感じます。
　　重みはどこで感じるのか？　腕にかかる重さの感覚を覚えます。必要であれば、何度も行います。

　◇匂いを嗅いでみます。
　　鼻のどこで感じるのか？　どのような匂いかを感じます。

　◇飲んでみます。

まずは熱いコップが唇に触れるのを感じます。そして少量を口にし、舌でどのように感じるか確かめ、味わい、口の中のどこでどのようにコーヒーを感じるか何度も繰り返します。そして、量を増やして飲んでみます。その時の口の中の感覚、のどを通っていく感じを覚えます。

　以上のことを細かく具体的に焦らず、ゆっくりと時間をかけて行います。最低でも10〜15分はかかると思います。

　◇ 次に、コーヒーカップなしで、上記の練習を行います。
　　感覚を思い出し、丁寧に呼び起こしていきます。感覚を呼び起こせないのであれば再度実際のコーヒーカップを使い、覚えたら実物がない状態で練習を続けます。毎日繰り返して練習します。

寒さの練習法
　冬であれば実際に寒い場所に身を置き、寒さを感じます。例えば、薄着でマフラーや手袋をしないで外に立ってみます。長時間行うと風邪を引く可能性があるのでお気をつけ下さい。冬でなければ部屋に冷房をガンガン効かせて、薄着になって練習してみたり、氷を使ってみて下さい。僕はＮＹ時代、レストランでアルバイトをしていたので、業務用冷凍庫に入って練習をしていました。
　具体的に身体のどこでどのように感じるかを細かく確認していきます。手のかじかんだ感覚、首筋の冷たさ、背筋がぞくっとする感じ、手や足の指先が凍りそうな感覚などです。頭で寒さを感じるのではなく、感覚をしっかりと持てるまで練習します。それ

ができるようになったら条件反射的に寒さを感じることができるのがベストです。パブロフの犬状態を目指して下さい。

酔いの練習法

　アルコールを用意します。特に指定はしませんが、僕は好きな赤ワインを使っていました。練習では一種類のアルコールで行い、感じられるようになったら、ビール、焼酎、日本酒、ウイスキー、テキーラなど、飲んだときの感覚が違うので試してみて下さい。

◇椅子に座りリラックスした状態でお酒をよく観察します。
◇実際に容器（グラス、コップ、ビン、缶など）を触り、感じます。冷たさ、温かさの感覚を覚えるまで、触っては離すを繰り返します。
◇持ち上げて重みを感じます。重みはどこで感じるのか、腕にかかる重さの感覚を覚えます。必要であれば何度も行います。
◇匂いを嗅いでみます。
　どのような匂いかを感じます。鼻のどこで感じるのか？
◇ここでやっと飲んでみます。
　まずは容器が唇に触れるのを感じます。そして少量を口に入れ、舌でどのように感じるか確かめ、口の中のどこでどのようにアルコールを感じるかを何度も繰り返します。そして量を増やし、味わい、飲んでみます。そのときの口の中の感覚、のどを通っていく感じを覚えます。飲んだ後の体の感覚を確かめて、どのような気持ちになるか確認し覚えておいて下さい。
　上記のことを時間をかけて丁寧に行います。その日はすでに

酔いがまわっているので、後日、実際のアルコールなしで感覚を呼び戻します。

　役が感じている酔いの状態を表面で演じるのではなく、センソリーで量を調整して酔いを作ります。例えば、ほろ酔い気分ならワイン一杯、気持ち良くテンションが高いならワイン二杯、泥酔状態ならワイン一本などです。一人ひとりどれくらいの量でどのような状態になるかは違うので調整してみて下さい。

　その他にもレモンや梅干しの味、メイクアップ、日光、暑さ、歯痛、シャワー、お風呂、靴下を履くなども同様に行います。時間をかけて実際に感じ、その感覚を覚え、体に染み込ませ、条件反射的に呼び戻せるかが重要です。これができるようになれば実際に現場・本番で必ず役立ちます。

日々の鍛錬

　独りで多くの時間を割いて毎日練習しなくてはいけないので、日々の努力と忍耐力が必要です。多くの人が練習に挫折しているのを見てきました。なぜならコーヒーカップ練習をはじめとするセンソリーワークが、演技とどう結びついているか分からないからだと思います。感覚が研ぎ澄まされ効果を感じるまでに時間がかかるので、途中であきらめてやめてしまうのです。また、この練習は現在とは全く環境の違う1950 ～ 70年代に盛んに行われたものです。当時はパソコン、携帯電話、メール、ケーブルTV、DVDもなく生活がシンプルだったので、練習に集中しやすかったのだと思います。しかし現在でも強い目的意識を持って行って

いけば必ず効果がある練習法です。

　野球に例えれば素振りやキャッチボールのようなものなので、毎日練習し続けて下さい。ハーヴェイ・カイテルは三年間やり続けて、やっと腑に落ちたそうです。

　石（意志）の上にも三年です。

日本でのメソッド演技について

　メソッド演技はアメリカの名優たちが学び、使っているすばらしいテクニックです。しかし日本では、俳優たちに効果的に伝わっていないと感じられとても残念です。メソッド演技のテクニック自体の勉強に主旨がおかれているように感じるのです。

　練習を積み重ね、完全に理解し、なおかつ現場・本番で使って血肉にしている人が指導しないと、ただの"演技練習"になってしまいます。言うまでもなく、演技のテクニックは現場・本番で使うためのものです。稽古場だけで練習を上手くやり稽古場キングになっても現場・本番で活かされていないと意味がありません。

　メソッド演技はリラクゼーション、過去の経験や記憶を使う練習、プライベートモーメントなど、とても個人的なワークが多いです。ですのできちんと理解した指導者のもとで行わないと、俳優の日常生活に悪い影響を及ぼす可能性があると思います。

　今までメソッド演技に対して「何、コーヒーって!?」「何じゃこれ」「危なそう……」「過去の辛い記憶を使うなんて」などの感想や意見を聞いたことがあります。それはメソッド演技の一部だけを見たり、聞いたりした人の偏見や先入観ではないでしょうか。

　これから"使えるメソッド演技"がもっともっと日本に広がることを切に願います。

感情準備

Daydream ／白昼夢・空想

　マイズナーテクニックではアクティビティ同様、今現在の自分が置かれている実際の状況をもとにして話を膨らませ、ストーリーを作り上げます。感情を作るときには、そのストーリーを具体的に思い出して必要な感情を作ります。

ストーリーの作り方

例）悲しい感情を作る場合

　自分の例を挙げて説明してみます。ペットの犬・ミルキーは血の繋がった家族のようで、息子のような存在です。これは自分にとって真実であり、具体的にミルキーに対して愛しているという思いがあります。この真実にディテールを付け加えていき、自分が信じられる話を作ります。信じられる話とは実際に起り得る話です。例えば、街をミルキーと散歩していたら、ニコール・キッドマンに会う、突然誰かに拳銃で撃たれる、他の犬に噛み殺される、などは信じられないと思います。

　そこで、ある日散歩の途中で、ミルキーがトラックに轢かれて即死してしまったとします。そこにディテールを付けていきます。

　　◇その朝からのミルキーとの行動は？
　　◇最後に食べたご飯は？

◇どのように轢かれたのか？

◇轢かれた直後はどんな感じ？

◇血は流していたのか？

◇抱きかかえたときはどんな感じ？

◇なんと話しかけたのか？

◇「死ぬな！　生き返れ！　頼む！」とミルキーに向かって叫んだのか？

◇どんなトラックか？

◇そのトラックは止まったのか？

など自分に質問をし続けます。

　これを書いていて想像していたら自然と悲しくなって涙がこぼれそうになってしまいました。この質問をもとに想像でストーリーを作り上げていきます。ここで再び大事なのは具体性です。このストーリーは世界で一つだけの自分自身のもので、ペットがいない人やペットに愛情を持ってない人には全く影響はしません。自分に影響するストーリーを作るのが重要なポイントです。具体的にすればするほど自分に影響します。ただ「ミルキーがトラックに轢かれた！」「あぁ悲しい！　涙よ出て来い」と頑張っても乾いた雑巾を絞るように感情は生まれません。

　ストーリーを作ったら、そのストーリーを想像して必要な感情を作り上げます。練習が必要ですが、家でリラックスしている状態ならかなりの割合で感情が出てくると思います。もし練習を繰り返しても影響が少ない場合は、違う物や人物を使ってみて、自分は"今現在"何に一番影響されるのかを試行錯誤して探してい

きます。

　初めてネイバーフッド・プレイハウスで感情準備を勉強していた頃、家でリラックスした状態でも悲しみを作りだすのに困難を要しました。それはまるで長年眠っている怪獣を呼び起こすかのような作業でした。真夜中の三時に起き出して、真っ暗なバスルームに入り、ロウソクを何本か立て、ストーリーを想像しました。すると、やっと怪獣が目を覚まし、初めて練習で悲しく感じ、涙が出たのでした。

　実際に登場前、撮影前にストーリーを想像して感情を作ります。自分の頭の中でショートフィルムを見ている感じです。やっていくと分かりますが、そのストーリーの中で自分に刺激を与えるトリガー（引金、演技的に誘因されること）が分かってきます。僕にとっては血だらけのミルキーを抱いた感覚が悲しみのスイッチで、涙が出るところです。

　この方法によって週八回の公演（ブロードウェイの上演回数）でも、毎回同じ感情を作ることができます。この他にも、喜びや怒りなどの感情準備を練習してみましょう。

　芝居上の設定とは全く違うことを考えて感情を作ったとしても、誰一人として俳優の考えていることは分かりません。最終的に出てくる感情が、状況設定と同じであれば問題ないのです。

　前述した通り、何を愛し、誰を愛し、誰に認めてほしくて、何を好きで、誰が嫌いで、誰を憎んでいて、何が夢で、何が幸せにしてくれる、などと自分に問い続けることは、俳優にとってとても大事なことです。俳優は自分自身を使って演技するので、自分

自身をよく知らないといけません。自分に絶えず質問をすることは、自分がどんな人間かを知ることに繋がります。

愛犬ミルキー

音楽を使う

フィルは音楽を使うことを積極的に薦めていました。ある日彼が僕をスタジオの外に呼んで「この曲を聴いてごらん」とウォークマンを渡してくれました。その曲は、ジョージ・ウィンストン『longing/love』でした。今でもこの曲を聴くとフィルとの思い出が蘇り、涙が出てきます。また、映画『花嫁のパパ』を観て挿入歌の『カノン』を初めて聴きました。この曲は悲しみの感情を作るリストに入っています。

感情的に自分に影響を及ぼす曲を、例えば悲しみ、幸せ、怒り

ごとにコレクションとして作っておくと良いのではないでしょうか。しかし同じ曲を何度も繰り返し聴いていると影響されづらくなるので、聴き過ぎるのは注意が必要だと思います。プラス、音楽からもらえるものだけに頼り過ぎると、想像力を鍛えることを怠ってしまうので注意しましょう。前述したDaydreamのストーリーを想像するときに音楽を聴くと影響力が増し、ほしい感情をかなりの確率で得ることができます。

感情の記憶

　メソッド演技で使う方法です。過去の特定の出来事(イベント)の記憶を使い、センソリーで記憶を蘇らせ、その日その時に戻り感情を作ります。メソッド演技を深く理解した講師のもとできちんとガイダンスを受けながら練習をする必要があります。しっかりとトレーニングを受けた講師に導いてもらうことが重要なのです。イベントによっては不適切な方向にいき、終了後、抜け出すのが大変になり日常生活に支障をきたすことがありますので、細心の注意をして行って下さい。特にトラウマや自分の辛かった体験などを使う場合は傷を掘り起こすので、開いた傷口の処置が大切になってきます。リー・ストラスバーグはそのイベントは7、8年以上前のものがふさわしいと言っています。俳優として使えるものを探し出すのは必要なことですが、その傷口が開きっ放しになり日常生活に支障をきたすことは、避けた方が良いと思います。

感情の記憶誘導

　はじめは講師が誘導しますが最終的には自分自身でできるようにします。僕が行う方法は自分も特定のイベントを選び、僕自身

もその日その時に戻れるように皆を誘導していきます。

　クラスで感情の記憶を行う場合は事前にイベントを選んで持っていきます。例えば、一番楽しかったとき、一番辛かったとき、一番孤独を感じたとき、一番悔しかったとき、一番激怒したときなどです。前述していますが7、8年以上前のイベントにして下さい。

　質問をされるので具体的に思い出し、五感を使い、その日その時に戻っていきます。

　基本は目を開けて行いますが、集中できないのなら、はじめは目を閉じても良いでしょう。

　しかし感じたらすぐに目を開けてください。一人の世界に入り込み過ぎないことが大切です。目を閉じて行うことが良いかに関しての意見はさまざまですが、僕はこの方法をよく使っていました。

　◇背もたれのある椅子に座りリラクゼーションをしていきます。
　（P36参照）
　◇何が見えますか？
　◇どこにいますか？
　　屋内ですか？　屋外ですか？
　◇暑いですか？　寒いですか？
　◇歳はいくつですか？
　◇どのような格好ですか？　何を着ていますか？
　　パンツですか？　スカートですか？　どんな靴ですか？　靴
　　下は履いていますか？　どんなシャツですか？（など続く）
　◇髪型はどのようですか？

長いですか？　短いですか？　ポニーテールですか？　スポーツ刈りですか？（など続く）

　もし覚えていなくても、無理して思い出そうとせずに次に進んでも結構です。これはすべての質問のときも同じです。

◇目の前に何が見えますか？

　屋外ですか？　昼なら太陽が見えますか？　夜なら月が見えますか？　どんな色ですか？

　部屋の中なら、壁の材質は何ですか？　窓はありますか？

　ポスターは貼っていますか？（など続く）

　細かく丁寧に見て下さい。実際に触りたいのであれば触っても結構です。

◇右を見て下さい。何が見えますか？

◇左を見て下さい。何が見えますか？

◇後ろを見て下さい。何が見えますか？

　細部まで丁寧にゆっくりと見て下さい。

◇地面、床はどんな感じですか？　触ってみて下さい。

　触れたらどんな感触ですか？　土ですか？　芝生ですか？

　コンクリートですか？　畳ですか？　カーペットですか？

　冷たいですか？　ザラザラしていますか？　つるつるしていますか？（など続く）

　細かく丁寧にゆっくり触って下さい。

◇音を聞いてみて下さい。何が聞こえますか？

外なら車の音が聞こえますか？　人の声は聞こえますか？
何と言っていますか？
　部屋なら外から何が聞こえますか？　隣の部屋から何か聞こ
えますか？　話し声は聞こえますか？
丁寧に聞いてみて下さい。

◇匂いを嗅いで下さい。どんな匂いがしますか？
　浜辺なら潮の匂いがしますか？　台所ならどんな匂いがしま
すか？　公園なら芝生の匂いがしますか？　トイレならどん
な匂いがしますか？（など続く）
丁寧に嗅いでみて下さい。

◇もし口にできるものがあれば、食べたり、飲んだりしてみて
下さい。
　ゆっくりと口にしてみて下さい。口に入れたときどんな感じ
ですか？　美味しいですか？　冷たいですか？　口の中はど
のようになりますか？（など続く）

◇五感で感じられたとき、それから影響を受けること、感情的
衝動（怒り、悲しみ、喜びなど）を許してあげて下さい。

◇話したくなる衝動があれば話しても結構です。人に聞かれた
くないのであればウィスパーやデタラメ語でも構いません。

◇周りに人がいるならその人を見て下さい。何か話したい衝動
があれば話をしてみて下さい。ウィスパーやデタラメ語でも

構いません。話したくないのであれば無理に話すことはありません。自分に話しかけても結構です。

◇その日その時に戻れたらその感覚を覚えておいて下さい。急に止めるのではなくゆっくりと少しずつ現在に戻ってきて下さい。

　実際に演じるとき、このように感覚を呼び起こすことは感情準備のためだけではなく、シーンの状況に入り込むため、また役と自分をリンクさせるためにも使えます。僕はハムレットの孤独を感じるために、後述する迷子になったイベントを使いました。

＊五感で感じられたとき／母親を見て喜んだり、いじめっ子を見て怒ったり、祖母を見て愛を感じたり、亡くなった人を触って悲しみ泣いたり、アイスを口にして幸せな気分になったり、カレーの匂いがして嬉しくなったり、好きな女の子の声が聞こえて恥ずかしくなったりなど。

＊＊何か話したい衝動／相手が母親なら「いつもありがとう」「母ちゃんは日本一だよ」、いじめっ子なら「お願いだから止めてよ」「なんで僕なんだよ」、友達なら「遊ぼうよ」「もう帰るの?」など。

感情の記憶で大事なこと
　感覚を覚えておくことが大事で、ただ昔の記憶を呼び起こして感情を作るのではなく、実際に何度でも使えることが重要です。五感を使い、その日その時に戻るには、幾度もの練習が必要です。
　感情を作った後、レペテションをするのも効果的だと思います。感情の記憶で感情を作った後に演じるとそれに酔ってしまい、独りよがりの演技になってしまうことがあるので気をつけましょう。

感情の記憶経験談

　経験上、感情の記憶はとてもパワフルで深い感情を作り出すのに役に立つと思います。アクターズ・スタジオで『ハムレット』の「To be or not to be.」のモノローグをやったときに感情の記憶を使い、セッションに参加しました。効果は絶大で自分の心の深いところまでいけました。世界中で一人ぼっち、捨てられたと感じた感覚、孤独の感覚を作るために、5歳のときに柏・高島屋の屋上で父と金魚を見ていて迷子になった経験を使いました。あのときは父を憎みましたが、今は感謝しています。

ビジュアルから

　あるクラスのときに、フィルが僕に水俣病患者さんたちの写真集を持って来て、いきなり見せたことがあります。それを見ていたらいろいろな感情が生まれました。また、被爆された方々の写真を当時アメリカで見たことは、日本人の僕にとって何とも言えない悲しみや怒りなど複雑な感情を抱かせました。大切な人、憎んでいる人、愛している人、憧れの人、他界してしまった人などの写真を見て感情を作るのも効果的だと思います。

シーンの途中で感情が変わる場合

例）オーディションに合格したことを母親に伝えようと部屋に入ったら、そこで最愛の父親が亡くなったことを聞かされるシーン

　このシーンでは喜びながら登場しますが、途中では悲しみ（号泣）を表現しなければなりません。このような場合は、まず悲しみの感情を作ります。そしていったん、その悲しみを手放します。

そのとき大事なのは、悲しみの感情は心の奥にもう作ったと信じることです。そのあと喜びの感情を作り、登場します。きっかけがきたら、悲しみの感情が自然と湧き出てくるでしょう。二兎を追う者は一兎をも得ず、同時に二つの感情準備だけはしないように、何度も何度も練習してみましょう。

何でも使う

　必要とされている感情を作るのにルールはありません。怒りの感情を絶対に折れない鉄の棒を折ろうとして、幸せな感情を自分の好きな匂いを嗅いで、悲しい感情を他界した祖父や祖母の形見を握ってなど、何でも自分にワークするものは使えば良いと思います。

まとめ

　一般的に男性は悲しい感情、女性は怒りの感情を作り出すのが難しいと言われています。それは、アメリカでも日本でも同じで「男はつらくても泣くな！」「女は女の子らしく怒っちゃだめ！」といった社会環境があるからだと思います。一般論ですが、日本人は感情を押し殺すことに美徳がある国民性を持っていますので、感情を出すようにはしません。感情準備の練習を行っていくと自分がやりやすいものと、苦手なものが分かってくると思います。それには個人個人の育った環境が影響してくるのだと思います。

　最初の頃、僕は悲しみの感情を作ることがとても難しく、怒りは簡単に作ることができました。もし苦手な感情があっても、それができないから俳優になれないと考えずに、得意なものを伸ばしていくことが大事です。不得意な部分は得意な部分を伸ばすこ

とによって引き上げられていきます。僕の場合、何年か経って経験を積み、自信を持つことで、悲しみの感情を作るのが楽になりました。

"You can't play emotion.（感情は演じられない）"

　アメリカでは、耳にタコができるほど言われます。

as if（まるで何々のよう）・置き換え

as if

　フィルにこの使い方の楽しさを教えてもらいました。as if は相手役に付けたり、自分に付けたり、場所に付けたり、さまざまな使い方があります。そして as if からキャラクターを作り上げていくことも可能です。

　　例）
　　as if 尻尾がついている
　　as if 常に背後から誰かが襲って来る
　　as if 全身に入れ墨が入っている
　　as if おしっこがもれそう
　　as if 相手がパンツ一枚しか履いていない
　　as if 相手から自分の好きな匂いがする
　　as if 相手の鼻がピノキオのようである
　　as if 相手が耳が遠い
　　as if 揺れる船上を歩いている
　　など

　『男が死ぬ日』（テネシー・ウィリアムズ作）のオーディションの準備で、フィルに指導してもらったときのことです。役は、日本のホテルに滞在するアメリカ人カップルについてコメントをする日本人ストーリーテラー（東洋人）でした。台本が渡され、その中の一つのモノローグをオーディションでやることになっていま

した。いつも重要なオーディションがあるときは、彼のプライベートレッスンを受けることにしていたので、今回もチェルシーにある彼の自宅に行きました。

　僕の演技プランでモノローグをやり終えると、彼はクスクスと一人で笑い出しました。「どうしたの、フィル？」と聞くと「これはどうだ。このカップルが見世物小屋の檻に入れられているというas if は？」と笑いを堪えながら言うのです。それを聞いた途端、スイッチが入り、電球がつき、想像力に火がつきました。なぜなら、僕は人種差別や白人優位の色濃いアメリカ社会の中で生活していて、不満やフラストレーションを感じていたのです。その白人が檻の中にいることを想像するだけで嬉しく、更に当時嫌いだった人間を檻の中に入れたので、演じるのが楽しいだけではなく、フラストレーションの発散もできました。

　おかげでオーディションでは緊張せずに上手くいき、合格し、念願だったAEA（舞台俳優組合）に入会できました。

as ifで大事なこと

　思いついたときに頭の中で電球にピカッと光がついた感覚が大事で、行うときに楽しいと感じられることが良いと思います。自分の心に響き、信じられるかが重要です。僕のオーディションの例は、日本で生活している人の心には響かないと思います。大事なのは自分に影響するかどうかです。例えば、as if 黒板を爪で引っかくという音を想像したら、大体の人は体に反応があると思います。

例）

　ある女性社員が、社長にニューヨーク勤務にしてほしいと直談判し、その行動が常識外れだと社内に広まりました。女性社員がオフィスに入ってくると、皆彼女の顔を見て馬鹿にして笑い出しそうになります。しかし彼女の顔を凝視できないし、あからさまには笑えません。

　このような設定では以下のas if を使えるのではないでしょうか。as if 鼻がトナカイのように赤い、鼻がピノキオ、鼻が男性の性器、顔に落書きがしてある、などがあると思います。

　実際に使うとき女性社員役の人には、このようなas if を使っていることは絶対に黙っていて下さい。想像力をふんだんに使って楽しんで取り組んでいって下さい。

　例）
　相手を無視して近くに来ると避ける設定
　　→　as if 相手が自分の嫌いな臭いがする
　相手が好きで照れる場合
　　→　as if 相手が裸
　相手を誘惑する場合
　　→　as if 相手が自分の大好物の食べ物
　自信満々な人を演じるとき
　　→　as if オスカー受賞俳優
　恋煩いの場合
　　→　as if 胃が痛い
　好きな相手と愛の抱擁をするとき
　　→　as if 相手が自分の一番好きな匂いを放っている

など限りなくあるのでいろいろ試していきましょう。

冒頭に挙げた例の as if を付けると

as if 尻尾がついている

　　→　セクシー

as if 常に背後から誰かが襲って来る

　　→　挙動不審者

as if 全身に入れ墨が入っている

　　→　自信に満ちあふれている

as if おしっこがもれそう

　　→　言いたいことが言えない

as if 相手がパンツ一枚しか履いていない

　　→　恥ずかしくなる

as if 相手から自分の好きな匂いがする

　　→　好きな人に引き寄せられる

as if 相手の鼻がピノキオのようである

　　→　顔を見るたびに笑ってしまう

as if相手が耳が遠い

　　→　伝える気持ちが強くなる、テンションが上がる

as if 揺れる船上を歩いている

　　→　酔って歩いている

となるでしょう。

as if は即効性があり演出家、監督が俳優にほしい演技を求める時の方法としても有効です。

POV 練習

POV 練習法・置き換え1

例）カレーに対するPOV「カレーが大好物なんです」という台詞
- Aは、亡くなった母が最後に作ってくれた料理がカレーで、見ると母を思い出す
- Bは、子供の頃にいたずらされてハエが入ったカレーを食べたことがあり、見るのも嫌
- Cは、最近好きな子にカレーを作り、それが好評で付き合い始めたので、見ると彼女を思い出しニヤニヤせずにいられない
- Dは、カレーが大好物で、三度の食事がカレーでも構わない

　あなたもカレーのPOVをAからDのように具体的に持っていることでしょう。

　台詞のカレーの部分に自分のPOVを付けてみます。付け方によって台詞の出方が自由自在になり、頭で考えている台詞の言い方を壊すことができます。

　Dがこの台詞を言うときには、そのまま自分のPOVを付ければ、自然に台詞の意味とマッチします。

　ところがBがこの台詞を言うときには、自分の感じているPOVは台詞とマッチしません。そこで置き換えを使います。簡単にいうと自分の大好きなものをカレーに置き換えます。ウニが大好物なら、カレーの代わりにウニを使います。このPOVの調整により、心から来る真実の台詞を言うことが可能になります。

極端な例で言えば、監督や演出家に「カレーが大好物なんです」と言った後に泣いてほしいと演技を求められたとします。このように現場では、結果の感情を要求されることが多々あります。その場合はカレーに当てはまる具体的な置き換えをしてPOVを変えて対応すれば、表面的な演技は避けられ、泣くことも可能でしょう。

POV練習法・置き換え2

例）「寿司の中でトロが一番好きです」という台詞

　"トロ"という言葉に一番好きな人の名前を付けてみます。好きな相手が花子さん・太郎さんの場合は、トロ＝花子さん・太郎さんに置き換えて「寿司の中でトロが一番好きです」と言ってみます。感じない、気持ちが乗らない場合は、ゆっくりと言ってみて下さい。自分の思いが台詞に乗るのを感じられると思います。

　それでも感じられない場合は、パラフレーズ（P143参照）をしてみます。「花子さん・太郎さんが一番好きです」と言ってみます。そしてすぐに「寿司の中でトロが一番好きです」と言ってみて下さい。

　POVが乗らない場合には、何回も繰り返してみて下さい。それでも駄目なら本当に花子さん・太郎さんを好きでないのかもしれません。

　「寿司の中でトロが一番好きです」に花子さん・太郎さんのPOVを付けて演技したとします。演出家、監督から「ちょっと抑えて」「そんな喜ばずに」と指示されたら、二番目、三番目に好きな人を当てはめてみます。そうすると表面だけではない、内

面からにじみ出る演技ができると思います。見ている人は、俳優が誰を使っているか分からないので心配することはありません。

POV練習法・置き換え3

例）「僕は東京に憧れているんだ」という台詞
　憧れている街が自分にとってパリなら、東京をパリに置き換える。

例）「私、トム・クルーズのような男性がタイプなんだ」という台詞
　自分の好きな俳優がジョニー・デップなら、トム・クルーズをジョニー・デップに置き換える。

例）ハムレットの「お前なんて、尼寺へ行ってしまえ！」という台詞
　尼寺を刑務所、地獄、肥だめなど、自分の嫌いな場所を具体的に置き換える。
　これは僕の場合ですが、「尼寺」と言ってもぼんやりとして気持ちが乗りません。練習で「お前なんて、尼寺へ行ってしまえ！」と言い、そして「お前なんか肥だめへ行ってしまえ！」と数回言い、そしてまた「お前なんて、尼寺へ行ってしまえ！」と言ってみて下さい。何かしら変化があるでしょう。
　置き換えをしないでそのまま自分に影響を及ぼすのであれば、必要はありません。

置き換えで大事なこと
　置き換えはとても簡単ですが、as if と同様に自分に影響をする

人や物を自分の中から見つけ出します。繰り返しになりますが、何を愛し、誰を愛し、誰に認めてほしくて、何を好きで、誰が嫌いで、誰を憎んでいて、何が夢で、何が幸せにしてくれるのかなど、今現在の自分をよく知っていることが大事なのです。

　一番刺激があるもの、その設定に合ったベストの選択の置き換えを選んでいきます。想像で何かをプラスしたりすると感じ方が大きくなります。例えば、自分の好きな人を見てとろけてしまいそうなとき、置き換えで自分の一番好きな俳優を使うとします。その人に自分の好みの下着を履かせたり、パンツ一枚にしたりなど、どんどん想像力で遊びながらベストの選択をして下さい。

　刺激されて想像力が暴走し始めたら、誰もあなたを止められません。

実際にする作業

　脚本・戯曲のすべての名詞、固有名詞をチェックして自分のPOVを書き入れてみます。ここで大事なのが、役が感じるであろうPOVを選択することです。今の自分が感じているPOVと役の感じているものが同じであれば、そのまま演じても個人的な気持ちが出てくると思います。

　自分の台詞だけではなく相手の台詞、ト書きにある人、物、すべてに対して付けます。そして稽古ではその付けたPOVが自分にどう影響し、どう感じたかを確認していきます。

　宿題としてノート、脚本・戯曲に書き込み、付けたPOVがどうワークしたか、どう影響したかを稽古の後で確認できるようにします。また演出された演技になるように調整もしていきます。

シーン I

マイズナーテクニックでの初シーン

　レペテション、アクティビティが終わると初めてのシーンワークを行います。先生からシーンとパートナーを伝えられます。そして「自分の台詞だけを抜き出して、モノローグのようにして暗記しなさい。このとき、台詞の意味を考えず、棒読みにして覚えなさい」と指示を受けます。

　3、4日後、クラスで最初の組にマーティン先生が「自分の台詞は覚えていると思うので、相手の台詞をよく聴けば自分の台詞が出てくるから、100%意識を相手に集中してシーンを合わせなさい」と指示しました。

　その通りに始めましたが全く相手役の台詞が分からないので、どこで台詞が終わるのか、どこで自分の台詞を入れたらいいのか分からずに困惑して、ほとんどの組は最後まで行けませんでした。

　ポイントは、100%相手の言っていることに集中することにより、自分の台詞にとらわれず、Listen & Answerがしっかりできて、Spontaneous（自然に起きる、自発的な、自動的な）な返答ができる、という点です。最終的には自分の台詞だけでなく、相手のきっかけの台詞を覚えないとシーンが成立しないことは想像できると思います。

　その時に「自分の台詞だけをマーカーでハイライトをすると、自分の台詞だけに意識が行くのでやめなさい」とも先生に言われました。

台詞

「台詞覚えるの大変でしょう」と言われることがよくあります。ネイバーフッド・プレイハウスで、ある生徒が「台詞を覚えるのが大変です」と先生に言うと「俳優で一番楽な仕事は何か知ってるか?」と生徒に聞きました。彼は答えられず黙っていると、先生が「台詞を覚えることだ」と言いました。それ以来莫大な台詞の量のとき、英語の台詞のとき、難しい発音の台詞が多い時に「俳優で一番楽な仕事は台詞覚え」ということを思い出してワークしています。

台本を離した直後は仕方ないことですが、台詞を忘れて練習が進まないときがあります。このような場合クラスでは、友人にプロンプを頼んでおくとよいと思います。台詞はきちんと入れて稽古に臨むのが大事です。"大体入っただろう"という感じでは忘れる可能性が高いです。雨が降っても槍が降っても忘れないぐらいにしておくことが重要です。

それでも稽古場に行って台詞が出てこないときがあるのです。

サンフォード・マイズナーは「台詞は敵」と言っています。洗濯をしながら、掃除をしながら、皿を洗いながら、風呂で体を洗いながら、街を歩きながらなど、どんなことをしていても台詞がスラスラ出てくるまで練習した方がいいでしょう。

台詞を忘れてワークが止まり練習が進まないときがありますが、それは自業自得なのです。

初めてネイバーフッド・プレイハウスでシーンワークをしたときのことです。僕は、30人中で一番長いシーンをもらい、莫大な量の台詞を3、4日間で覚えなくてはなりませんでした。当時、僕はまだ英語力も乏しく、台詞の意味を理解するのも必死でした。

そのような状態での台詞覚えです。僕は四六時中、台詞を口に出して繰り返して覚えようとしました。すると数日後、顎が筋肉痛になってしまったのです。筋肉痛になるまで練習した方が良いとは言いませんが"何があっても絶対に台詞は忘れないぞ！"という強い気持ちで台詞覚えをしてほしいものです。

シーン初期台詞合わせ練習法

　さまざまなシチュエーションで行います。例えば公園のベンチで、サッカー、卓球、バドミントンをしながら、デパートで買い物をしながら、人ごみを歩きながら、エレベーターの中で、ゲームセンターで、などがあります。エレベーターの中であればひそひそ話、ゲームセンターなら大きな声でなど、その場の状況や環境によって台詞の言い方が変わってくると思います。台詞のパターン化を防ぐ方法でもあります。

　台詞をもらって覚えるときに自分がその台詞を読んだ時の印象だけで「こう言おう」または「こういう感じで」などと台詞の言い方を決めつけてしまうことが多々あります。そのような状態では相手がどんな球を投げてきても、決まりきった反応しか返せません。

・ゲームをしながら

　片方が目隠しをし相手を捕まえようとする、ベッドを真ん中に置き相手を捕まえようとする、カードハウスを作る、などをして行うと台詞のパターン化、クリシェを壊すのに役立ちます。

シーン I

・背中合わせで

相手役と背中合わせになり台詞を合わせます。背中で触れ合っているので、肉体的に繋がりができます。相手が見えないことで聴く力が増します。

・ウィスパーで

離れてパートナーと向き合います。そしてウィスパーで台詞を合わせます。普通の声だと簡単に自分の言っていることを伝えられます。しかしウィスパーでは、声に抑制がかかっているので自分の言っていることを伝えようとする力と、相手の言っていることをきちんと聴こうとする力が強くなります。

・離れて

相手役と遠く離れて台詞を合わせます。離れているので自分の言っていることを普段以上に伝えようとする意識が働きます。

・「Fuck」「ビッチ」を入れて

特に喧嘩や議論しているシーンで台詞の終わりにFuckを入れると、その台詞が相手に届くようになるでしょう。女性同士なら最後にビッチを付けると、台詞が相手の心に響くと思います。経験上、英語を話さない人でもFuckやビッチは影響を受けることが多々あります。

・レペテションを使って

レペテションをして相手とコネクトしたと感じたら台詞に入ります。また途中で台詞がパターン化したり、思考から出る言い方

になっていたり、相手とのコネクションが薄れてきたらレペティションを使います。そして再度繋がったら台詞に戻ります。これらを繰り返しながら、最後までシーンを進めていきます。

自意識を減らす

Listen & Answerの項でも記述しましたが、Listen & Answerは芝居で最も大事なことで、最も難しいことと言われています。なぜなら舞台の上、カメラの前に立つと自意識過剰になるからです。「どういう風に見えてるのかなぁ？」「次の台詞なんだっけ」「某TV局のディレクターが来てるはずだ」「あぁ失敗した、演出家に怒られる」「今日はうまくいってるな」「アイツは今日テンション低いなぁ」「緊張してるなぁ」などと思った経験は、皆さんあると思います。自意識をゼロにすることは困難極まりないのですが、ゼロに近づけていくことは可能だと思います。

各項で書いてあることを実践していけば自意識を減らしていくことができます。

演技評価

自意識があるまま演技をすると「今日の演技はうまくいっているなぁ」と俳優が思ってしまうことがあります。そういうときは、大体が駄目なときなのです。意識が自分自身に向かっていて自分の演技を俯瞰でジャッジしているので、その瞬間瞬間を生きていないのです。逆に「今日の演技のこと全然覚えてないやぁ」と俳優が思ったときは良い芝居なのです。なぜなら100％その瞬間を生きているため、自分の演技の出来をジャッジする余裕などないからです。

シーン I

シーン Ⅱ

選択

　稽古・リハーサルは最良の選択を見つけていく実験の場だと思っています。「才能は選択の中にある」という言葉があります。台本を読んで目的やアクションを見つけ出せないときでも、事前に必ず選択をして、全力で試してみることが大切です。中途半端な選択では何も発見がないでしょう。100％コミットして行うことが大事です。

アクターズシークレット

　周りの人に自分の演技の選択を話すと、演じる楽しみが半減します。また「それは違うんじゃない」「何それ!?」「変なの」などと言われ、ジャッジされる可能性もあります。

　良い演技をした後で周りの人に「どんな選択をしたの？」「何を使ったの？」などと聞かれたら "アクターズシークレット" と言って自分の想像や選択を守ってあげて下さい。自分にだけ影響があり、演技が良くなればそれで良いのです。

目的

　何度も記述していますが演技とは行動することです。演技をする上で目的がないと、リアリティーのある演技はできないと言っても過言ではありません。車でいったらエンジンのようなもので、なければエンジンがかからず前に進みません。

　脚本・戯曲にはテーマがあります。全体を通しての役の目的、

シーンごとの役の目的、さらにビートごとの目的（P221参照）が
あります。

シーンの目的

以下のような質問をして、目的を俳優に見つけ出してもらいま
す。

What are you doing？（何をしているの？）

What do you want from the other person？（相手から何がほしい
の？）

What do you want to accomplish？（ここで何を成し遂げたいの？）

What is your objective？（あなたの目的は？）

例）目的を決めるときのフレーズ

「あなたに何々してほしい」

「あなたに何々になってもらいたい」

「あなたに私と何々してほしい」

「あなたに私が何々だと思われたい」

「あなたに何々させたい」

「あなたが何々しているのか知りたい」

「あなたを何々させる」

などあると思います。

目的を決めるときは相手と関わり、巻き込んでいくということ
が重要です。これに"絶対に""何が何でも""是が非でも"など
をつけるとモチベーションが上がります。

目的を決めずに演じると Indication・Fake・Push ＝まやかし・

シーン Ⅱ　　111

フェイク・プッシュ・示す演技になってしまうでしょう。逆に決めるだけで紋切り型の演技、よくある演技、嘘っぽい演技を避けることができます。

目的を簡単に見つけられないときは、試行錯誤していかなければなりません。しかし、絶対に決めて下さい。

その目的を達成するための行動を、アクション動詞を用いると誘惑する、自慢する、挑戦する、非難する、脅かす、勇気づけるなどで「私はこのシーンで相手を "○○する"」「僕はこのシーンで "○○" をしている」というフレーズにできます。

アクション動詞

目的（ゴール）を決めるとそこに向かい行動するようになります。それを成し遂げようといろいろな行動が出てくるのです。

例）なかなか開かないドアを開けようとするとき

目的（ゴール）は "ドアを開ける" です。それを達成しようと行動を起こしていきます。

- ・押す
- ・もっと強く押す
- ・引く
- ・ドアノブをガシャガシャする
- ・体当たりをする
- ・ドアを蹴る
- ・近くの頑丈な物でドアノブを壊す

などいろいろな行動が出てきます。

この一つひとつの行動のバリエーションが、シーンではアクション動詞となります。

例）相手を口説いて家に連れていきたいシーン
　目的（ゴール）は"家に連れて帰る"です。それを達成しようと、次々と行動を起こしていきます。
　・相手を褒める
　・相手を持ち上げる
　・自分をアピールする
　・自慢する
　・すねる
　・懇願する
　・安心させる
　・強引に引っ張る
　・同情を買わせる
　などいろいろなアクション動詞が出てきます。

　口説いている人、繁華街での勧誘、居酒屋の店員の客引きの様子を見ていると、目的とアクション動詞がはっきりしているので勉強になります。知らず知らずの間に目的とアクション動詞を使って日常生活を送っているのです。

アクション動詞注意点
　相手と関わり行動できるかが重要です。
　例えば、to love（愛する）では行動ができません。しかし、to seduce（誘惑する）や to compliment（褒める）はアクション動詞で

す。試しに、今、隣に好きな人がいると想像して「あなたはキレイだ」という台詞を使って"愛する"を行動してみて下さい。次に「あなたはキレイだ」と"誘惑する""褒める""ごまをする"で同じことをして下さい。これらではエンジンがかかりますが、"愛する"ではかからないと思います。

　アクション動詞を調整することによって自然と台詞の出方が変わってきます。巻末のアクション動詞表を参考にして、演じる際ベストの選択をしていって下さい。

アクション練習法

例）「昨日、柏でご飯を食べました」という台詞
　　◇台詞を覚え、アクション動詞を選び、例えば"非難する""攻撃する""誘惑する""馬鹿にする""告白する""褒める"などで台詞を皆の前で言ってみます。
　　◇見ている人がアクション動詞を当てます。

　行動をきちんとしていれば、当てられる可能性が高いです。
　身振り手振りは極力控えて下さい。"謝罪する"で頭を下げて言ったら、すぐに分かってしまいます。大事なことはアクション動詞を100％コミットして実行することです。
　ゲーム感覚でやってみて下さい。

　また日常生活で「どうもすみませんでした」と言葉上では謝っているのに誠実さがなく、伝わってこないと感じることがないでしょうか？　それはアクション動詞が"謝罪する"ではなく、

"攻撃する" "見下す" "馬鹿にする" になっているからだと思います。普段の生活では言っていることとアクションがマッチしないことが多々あります。

日常生活で、人の会話を聞いてアクション動詞は何かを当てるゲームをするのも勉強になります。

その他にも、名作や有名な映画のシーンを見て分析をしてみて下さい。すばらしい脚本はワンシーンごとにキャラクターの目的が書かれており、俳優の行っているアクション動詞がクリアです。ウッディ・アレンの作品は分かりやすいと思います。例えば、『ブルージャスミン』のケイト・ブランシェットが旦那のアレック・ボールドウィンの浮気に気付き責めるシーンでは、目的がクリアでアクション動詞もきれいに分かります。一般的につまらないシーンでは "それっぽいことをしている" というのがよく分かります。

演じる際にアクション動詞の選択を増やすための勉強になるので、そういったゲーム感覚で映画を観ると良いと思います。

またすばらしい映画のシーンは音声を消して観ても目的、アクション動詞がクリアなので伝わってきます。演技とは話すことが大事なのではなく、生きたビヘイビアが重要なのです。時には、音声をオフにして観ると勉強になります。しかし常にそういう見方をしていると映画を純粋に楽しめなくなるので、オンとオフを使い分けてみて下さい。

Acting is not talking.（演技とは話すことではない）

シーン II

シーン Ⅲ

シーン練習

例）『子供』

21歳のカップル。

亮（りょう）：ミュージシャンのたまご
愛（めぐみ）：無職

亮は部屋で、音楽雑誌を読んでいる。
そこに愛が入ってきて、座る。

愛　もうあなた私のこと愛していないの？

亮　もちろん愛しているよ。

愛　じゃあ産んで問題ないじゃないの。

亮　昨日も言ったろ。まだ俺たち若いし、生活の基盤もないし。

愛　お金ならどうにかなるわ。

亮　毎月の家賃もギリギリだし、飯だって１日２回だし。

愛　私も働くわ……。

亮　赤ん坊がいて仕事なんかできるか？

愛　りさに預けるわ。

亮　今は無理だ。いつか産んで大丈夫なタイミングが絶対くる。

愛　それは今よ！

亮　お願いだから分かってくれ。

愛　お願いだから分かって。

116　　　　　Ⅰ 演技術編

◇シーンでの目的を決めます。

亮の目的　"愛に子供を産まないと納得してもらう"

愛の目的　"亮に子供を産むことを認めてもらう"

　二つの相反するものの考え方、意見、価値観の違いから Conflict ／葛藤が生まれ、そこからドラマが生まれます。葛藤こそがドラマを構成する核になるものです。

◇一行一行にアクション動詞を付けます。

　動詞の前にtoと置くことで意志を表現し、もっと行動をアクティブにする演技的な使い方をします。英語では"I want to seduce you.""I want to encourage you."というように、動詞の前にto が付きます。

　「君の瞳は美しいなぁ」to 褒める、というように僕は日本語でもあえて付けるようにしています。"to"を付けることによって、この台詞でこのアクション動詞を遂行し、行動をするんだというコミットメントになります。

愛　もうあなた私のこと愛していないの？　to 問い詰める

亮　もちろん愛しているよ　to 断言する

愛　じゃあ産んで問題ないじゃないの　to 説得する

亮　昨日も言ったろ　to 攻撃する

　　まだ俺たち若いし、生活の基盤もないし　to 言い訳をする

愛　お金ならどうにかなるわ　to 提案する

シーン Ⅲ　　　117

亮　毎月の家賃もギリギリだし、飯だって１日２回だし
　　　　　　　　　　　　　　　to 納得させる

愛　私も働くわ……　to 挑戦する

亮　赤ん坊がいて仕事なんかできるか？　to 馬鹿にする

愛　りさに預けるわ　to 対抗する

亮　今は無理だ　to 切り捨てる
　　いつか産んで大丈夫なタイミングが絶対くる
　　　　　　　　　　　　　　　to 説き伏せる

愛　それは今よ！　to 断言する

亮　お願いだから分かってくれ　to はねつける

愛　お願いだから分かって　to 懇願する

　これ以外の選択もたくさんあると思います。それらはキャラクターの性格や状況設定、演出家の意向などにより変わってきます。
　目的とアクション動詞は、芝居全体のテーマや演出家の本の読み方などとも関係してくるので、話し合いも必要になってくると思います。大事なのは演出家に選択してもらうのではなく、自分自身で考えることです。答えをもらうのではなく"自分で考えること"が俳優としての成長の鍵になります。

障害

　障害とは目的達成に向かって邪魔になるもの、壁になるもの、大変にさせるものです。ドラマの構成として障害がないと葛藤が生まれないので、退屈なものになってしまいます。
　もし『ロミオとジュリエット』が仲の良い名家同士だったら、ドラマが生まれないのは簡単に想像がつくと思います。階級の違

う二人が恋に落ちる『タイタニック』、家族ある二人が恋に落ちる『恋に落ちて』など、古今東西ドラマのベースは障害なのです。

　シーンの中には多かれ少なかれ障害が書かれています。終盤に進めば進むほど、この障害が大きくなってきて、ドラマが盛り上がっていきます。もしシーンで障害が描かれていない場合でも、少しでも良いので俳優が自ら障害を作らないと、退屈でつまらないシーンになります。

　俳優がもがき苦しめば苦しむほど、観客は惹きつけられ心を動かされるのです。

　シーンでは、外的要因と内的要因があります。

　外的要因は、自分の外側で起きている事柄や状況のことで、場所、時間、環境などがあります。

例）高校生が好きな人に告白するシーン
　・場所は学校の教室でいつ誰が来るかも分からない
　・時間は完全下校時刻まで後5分
　・環境は校庭で工事をしていてうるさい

　内的要因は、自分の内側からくるもので、性格、現在の自分の置かれている状況などがあります。

例）W不倫
　・お互い惹かれ合っているが、自分の家庭があり、愛する子供がいる
　・男性は女性と同じ会社で働いていて、不倫がバレたら出世で

きなくなる
・女性は超真面目で今まで旦那以外と付き合ったことがない
　　など

例）シーン『子供』
外的要因
・隣の部屋で親が寝ている
・大家さんから次に騒音の苦情が出たら退去と言われている
・亮は、あと数分で仕事に出ないといけない
　　など

内的要因
・亮は、施設育ちで寂しい思いをしたので家族が絶対にほしい
・愛は、「亮と一緒になるなら絶縁する」と親に言われている

個人化とStake ／ステーク

　状況設定を具体的かつ個人的にすることによって、ドラマのステークが上がります。Personalize ／個人化するは、演技用語で重要な言葉の一つです。役と自分自身のリンクを見つけ、そこを個人化し、役と結び付けられるかが重要です。

　Stake ／ステークとは賭け、賭け金、賞金などという意味で、おもに賭け事のときに使う言葉です。演技的には"ステークを上げる"といった言い方で使います。ステークを上げる意味＝"もっと危険な状況に追い込む""切羽詰まった状況に追い込む""崖っぷちに追い込む"などといった感じです。

　ステークが上がるとドラマの緊迫感が増します。

カジュアルからシリアスへ
抽象的・一般的から具体的へ

　例のシーン『子供』にLife or Death ／生きるか死ぬか、の要素を取り入れてステークを上げてみます。

例１）
　亮は、長年の苦労の末に、バンドがブレイク寸前という状況で、絶対に子供は作れない。作ったらマネージャーにバンドをクビにすると言われている。
　愛は、以前に一度中絶しているので、もう一度すると二度と子供が作れないと医者に言われている。

　脚本・戯曲に上記のような情報があれば、自分に落とし込みます。もし書いていないのなら自分の想像で決めて下さい。
　この段階では頭の中で決めているだけなので、自分に響いてこないでしょう。
　もし実生活が同じ状況であれば自然と設定を信じやすいですが、そうでなければ以下のように、自分の現在置かれている状況に置き換え、個人化し、ステークを上げます。

例２）
　亮役の人は、最近劇団でやっと役がもらえるようになり、そんなときに子供ができてしまった。赤ん坊がいたら生活が大変で役者を続けていくことはできず、有名になるという夢を叶えること

ができない。

　愛役の人は、父親が末期ガンを患っていて余命一年と宣告されている。死ぬ前に孫の顔が見たいと言われている。

　あくまでも例なので、現在の自分の置かれている状況を使って、シーンの設定を自分に引き寄せステークを上げてみて下さい。自分に響き始めて個人化されると役とリンクします。

　するとギアが上がり、亮は絶対に"愛に子供を産まないと納得してもらう"、愛は絶対に"亮に子供を産むことを認めてもらう"という気持ちになります。

自己葛藤

　自己葛藤を入れることによって、複雑な表現、感情、細かいビヘイビアのヒダがたくさん出てきます。例えば最愛の人を亡くした後、有名人が記者会見を行うのを見たことがあると思います。カメラの前で話したくないが、立場上、記者会見を行わなければいけない。悲しみの感情があふれ出て涙を抑えるのが大変だが、話さないと会見にならないので感情を押し殺して話し続ける姿を見たことはないでしょうか。ただ流す涙ではなく抑えようとして出る涙に、観客は心を動かされるのです。

　葛藤こそがドラマです。

前状況

登場で大事なこと

登場する際に度々犯す間違いとして"演じること"がアクションになってしまうことがあります。

「この野郎ブッ殺すぞ！　なめてんじゃねえよ!」とわめきながら、示す演技で入ってくる人がいるとします。

"威嚇する"が本来のアクションなのに"威嚇すること"を演じて示す演技になり、日本語でいうと"臭い芝居"になります。示す演技とアクション動詞を100%行っている演技の違いは、見ていてすぐに分かると思います。なぜなら、人間は本能的に真実に対しての嗅覚を持っているからです。

演技を見ていて引き込まれないときや感情移入ができないときは、俳優が示す演技をしている場合です。演技することは演技しないこと、と徹底的に僕は教えられました。

最初の瞬間は一番大事です。一つ目の真実を取り、積み重ね、真実という大きな雪だるまを作っていって下さい。

ファーストモーメントを逃したら、立ち直るのに相当の技量と経験が必要になってきます。

何が何でも絶対にファーストモーメントを取れるように訓練をしていって下さい。

前状況を作る

演じるときに絶対に省いてはいけないことの一つです。

シーンの直前、1分前、5分前、1時間前、24時間前にまでさか

のぼり、できるだけ前状況を具体化します。設定が脚本・戯曲に載っていればそれをもとに、載ってない場合は自分の想像で作り上げます。特に直前は絶対に決めなくてはいけません。

例）シーン『子供』

　前状況が全く書かれていないので、直前の状況を想像で考えます。

　亮は、憧れのミュージシャンの記事を読んで、絶対に売れてやると気合を入れている。

　愛は、台所の窓からベビーカーを押す母親を見かける。そこに旦那らしき人が近寄り、赤ちゃんを持ち上げて抱っこするのを見て、子供を絶対にほしいと思う。

　直前の状況をシーンの設定に合うようにすると感情準備にもなり、想像の設定を信じられるようになります。細かくしたらノート数冊分になるでしょう。自分の24時間を振り返ったら何をしていたか具体的に答えられるように、役は何をしていたのかを知っているはずなので、できる限り細かくした方が良いのです。

　また、一般的に小さい役といわれている、台詞が一言、二言の役や台詞のない役でも同じことをして下さい。前状況が書かれていなくても自分の想像で作り、毎回稽古でいろいろな選択を試していきましょう。メインではない役のときから、このようなワークをしておけば、メインを演じるときも同じことをするだけのことです。ただシーンと台詞が増えるだけです。このような準備をしておけば、メインの役がきてもビビりません。

124　　　　　　　Ⅰ 演技術編

センソリーを使っての前状況

　雨で濡れている、寒い、暑い、疲れている、病気、酔っている
など、脚本・戯曲に書かれているセンソリーを作ります。書かれ
ていなくても想像で作ることによってその場に真実にいられるよ
うになり、緊張も軽減されます。

例）シーン『子供』

　冬でストーブがないという設定が書かれているとします。スト
ーブがないことの寒さを感じようとするのではなく、別にセンソ
リーで寒さを作り上げます。(P81参照)

即 興

即興 in

　即興は芝居作りにおいてとても重要な練習法です。アクターズ・スタジオのセッションでは実際の台詞を扱う前に即興を行い、役や関係性などをExplore ／探険する、探究する、探る をして外堀を埋めていきます。

　即興にはいろいろな方法がありますが、ここではまず"即興in"を説明したいと思います。"即興in"とは、話の筋を追いながら自分の言葉で即興をしてみることです。

例）シーン『ラブホテル』

　寛也と麻紀は職場で出会い、結婚して5年が経つ。ある日、麻紀は寛也がラブホテルに入って行くのを目撃する。その夜、麻紀は寛也を問い詰める。

麻紀　今日、昼間何してたの？
寛也　仕事に決まってるだろ。
麻紀　仕事で昼間、渋谷に行くんだ？
寛也　うん、打ち合わせでね。
麻紀　ラブホで打ち合わせなんだ。
寛也　何言ってんだよ！
麻紀　見たのよ。今日女の人と入って行くの。
寛也　人違いだろ。
麻紀　写メって便利よね。見る？

寛也　何言ってんだよ！　馬鹿！

麻紀　馬鹿って何よ！

　　　（続く）

　稽古の初期段階で行うと効果的で、役作り、芝居作りに何が足りないのか気付き、発見があります。

　アクターズ・スタジオで『俺たちに明日はない』のアーサー・ペン監督に指導を受けたときのことです。初めてシーンを読み終えると彼は「話の筋は分かっただろう。今から即興をしなさい」と言うのです。初めての経験にドギマギしたのを覚えています。

　友人のロバートから、アクターズ・スタジオで、『ハムレット』でローゼンクランツとギルデンスターンが、クローディアスから頼まれてハムレットに探りを入れるシーンの“即興 in”をセッションでやるから、ローゼンクランツ役で出てくれと頼まれました。前日の夜、読み合わせとミーティングを一回だけ行いました。英語がネイティブではない僕は、即興がとても苦手で、不安を抱えての初挑戦でしたが、目的（真相を突き止める）だけに集中したら緊張も少なく、多くの気付き、発見がありました。

　ちなみにその日の進行役（モデレーター）のリー・グラント（『シャンプー』でアカデミー賞助演女優賞）は葛藤から出てくるものがジュースであり、それがドラマだと言っていました。

即興 out

　脚本・戯曲に書いてある状況設定をもとにして、実際あったであろう過去の出来事を即興してみることです。

例）シーン『ラブホテル』

"即興 out" には以下のようなシーンがあると思います。

・二人の初めての出会い

・初デート

・プロポーズ

・ハネムーン

・初めての夫婦喧嘩

　など数え上げたらきりがありません。

　即興を行い実際に経験することによって、二人の関係性が具体化され深みを増していきます。二人の歴史を作り上げていくと、実際にシーンをやったときに関係性のヒダが見えてくるのです。

　実生活でも人間関係は数え切れない出来事の積み重ねによって作られています。街で長年付き合っているカップルと、付き合い始めたばかりのカップルを見分けるのは簡単です。"即興 out" はやればやるほど新しい気付き、発見があり、関係性がはっきりしてきます。

関係性を作り上げるための即興

　相手役との関係性を作ることはとても重要です。夫婦、恋人、兄弟、姉妹、友達、同僚、上司と部下、親子などがあると思います。

　関係性を築き上げるためには、脚本・戯曲の情報をもとに二人の関係を話し合い、歴史を作り上げます。書かれていない情報は想像で考えます。

例）『おやすみ、母さん』

　ジェシー・ケーツ：年齢は30代後半か40代の初め。

　セルマ・ケーツ：ジェシーの母親。50代後半か60代の初め。

　母親と娘の二人芝居

　冒頭のシーンで、

ママ　（そばに来て会話の主導権を取る気迫で）何やってんの？

ジェシー　銃身をきれいにしなきゃ、ママ。火薬が古くて、埃が

　　　入っちゃってる……

ママ　何に使うの？

ジェシー　言ったじゃない。

ママ　（銃に手を出し）だから言ったじゃない、強盗は出ないって。

ジェシー　（さっと銃を自分に引きよせ）だから言ったじゃない……（落

　　　ちつこうと努めて）自分のためよ。

ママ　そりゃ欲しきゃあげるわよ。あたしが死ねばどうせあんた

　　　のものだ。

ジェシー　自殺するのよ、ママ。

（マーシャ・ノーマン作、酒井洋子訳『おやすみ、母さん』劇書房、2001年）

とあり、その後ママはジェシーが自殺するのを止めようとラスト

まで続きます。

　母親と娘の関係性が大変重要で、築き上げないと成立しない芝

居だと言っても過言ではありません。そこで以下のようなイベン

トを即興してみます。

- 最後にママがジェシーにマニキュアを塗ってもらったとき
- 初めて親子喧嘩をしたとき
- 最近親子喧嘩をしたとき
- 二人で食事をしているとき
- 二人でゲームをしているとき
- ドースン（兄）と三人で食事をしているとき
- 初めて病院に行ったとき
- 初めてジェシーが仕事に行く日の朝
- パパが亡くなったとき
- 最近一番楽しかったとき
   など挙げたらきりがありません。

　話し合いをし、重要だと思うイベントを即興して実際に経験します。この経験をするというのが大事なのです。舞台なら時間が許す限り稽古場で即興をして作りあげます。この一回ごとの経験がケーキでいったら Layer ／層になり、それを積み重ねていきます。完成後、ケーキを切ると幾つもの層になっているのが見えると思います。それが関係性です。

　例えば"最近一番楽しかったとき"を選び即興してみます。最近一番楽しかったイベントは台本に書かれていないので二人で話し合いをして決めます。このとき大切なのが状況設定をできるだけ詳細に決め、共通認識をしっかり持つことです。多くの発見や経験ができるかはセットアップの仕方で決まるので、きちんと話し合いをして下さい。

設定は、1月21日18時、この日はジェシーの誕生日で近所のいきつけのダイナー（レストラン）で、ママはジェシーが来るのを待っている。ジェシーが来て座ると、しばらくしてウエイターが注文を取りに来て、ビールを注文する。ビールで乾杯して飲み始め、しばらくするとサプライズでウエイターがケーキを持ってきて、ママがプレゼントを渡すなどと、大方の流れを決めておいてスタートします。時間を決めておいて止めてもらう方法もありますが、この場合はプレゼントを渡し、しばらくして良いタイミングで止めて下さいと頼んでおくと良いでしょう。この場合は、ママ役の人がジェシーに黙ってウエイターにケーキを頼んでおいて、本当にサプライズにしても良いと思います。場所はできる限りダイナーに近づけ、実際と同じ経験をしやすいように小道具を用意します。ウエイターも登場するので誰かに頼んで出てもらって下さい。

　時間は15分から20分が目安です。アクターズ・スタジオでは長くても20分で、超えるとモデレーターが止めるときがあります。講師、演出家に時間やタイミングを伝えておき、止めてもらいましょう。自主練習なら時間を決めて仲間に止めてもらって下さい。また、二人だけで行う場合は時間を決めず、進み具合やそのときの状況で判断して止めてみましょう。

　稽古時間が少ないのであれば、何が一番重要かを判断して行って下さい。例えば、ハムレットとオフィーリアの関係性を作るために数回しか即興ができないのであれば、出会いと初デートをやってみると良いと思います。

恋人との関係性

　先ほど親子の関係性の例を挙げましたが、例えばハムレットと
オフィーリアのように恋人の関係性を作らなければならないとし
ます。恋人役が必ずしも自分の好きなタイプとは限りません。そ
れでもシーンを演じるためには、即興をして関係性を作ることが
大事です。そのときは、相手を自分の現在の恋人や憧れの人に置
き換えてみたり、また相手役に頼んで自分の興奮する香水をつけ
てもらう、自分の恋人のネックレスをつけてもらう、相手役の体
の部分で一番好きな部分を見つけてそこに魅力を感じる、などの
工夫をしてみると良いと思います。練習で各自いろいろ試してみ
て下さい。

映像のとき

　舞台では稽古の時間が取れるので良いのですが、映像の場合は
即興を行う時間を取ることは難しいでしょう。

　顔合わせで初めて相手役を知って、数日後には夫婦役を演じる
こともあります。脚本に初デートで行った場所がディズニーラン
ドと書いてあれば、実際に行ってみるのも良いと思います。時間
がなくても、できる限り二人で脚本に書いていないことも話し合
い、決めた方が良いでしょう。

　このとき大事なのが、このようなワークを知っていて、価値が
あると思っている人とやることです。アメリカではほとんどの俳
優は知っているので、同じ方向を向きワークができます。しかし
いつでもそうとは限りません。以前、映画『WHERE TO
WHEN』でアメリカ人女性と恋人役を演じたことがあります。
顔合せで初めて会い、撮影までしばらく時間があったので「関係

性を築くために恋人のように毎日メールしよう」と提案し、始め
ましたが、数日後に「やっぱりやめましょう」と言われてしまい
ました。理由は聞きませんでしたが、煩わしいと感じたのでしょ
う。同じ演技の価値観を持った人と演じられることは、この上な
い幸せです。

センソリーワーク Ⅱ

場所のセンソリー練習

　舞台でリアリティーを作るのにとても重要な要素です。センソリーで設定にある場所を作らなければ、そこにリアルにいることができず、想像の設定の中で真実に生きることは難しいでしょう。土台がないのに家を建てるようなものです。

　特にリアルでないセット、稽古場では場所をリアルに作り上げないと、場所からの影響を受けることができません。雪山、サウナ、浜辺、歓楽街、満天の星空の下、夜の公園、母校の教室、病院、駅など、挙げたらきりがありません。

　場所を具体的に決めたら、感情の記憶練習と同様に五感を使ってその場に居られるようにしていきます。

例）10年ぶりに帰って来た実家のリビングルーム

　◇壁を見て、そこに何がある？
　◇音は何が聞こえる？
　◇匂いは？
　◇置物は？
　◇額縁の家族の写真は？
　◇床は？
　　など

　もし「懐かしいなぁ」という台詞があるとすれば、具体的に想像で、以下のようなものを見て言うと個人的に感じられます。

- ・子供の頃に壁に付けた丈比べの跡を見て
- ・兄弟喧嘩をして、穴が開いた壁を見て
- ・他界した祖父の写真を見て
  など

例）浜辺

◇何が見えますか？

◇砂の感覚は？

◇波の音は聞こえますか？

◇夏なら暑さ？　冬なら寒さ？

◇潮の匂い
　など

例）病院の待合室

◇何が見えますか？

◇何が聞こえますか？

◇どんな匂いがしますか？

◇ソファに座っていたらその感触は？
　など

　時間をかけて行えば最低30分はかかると思います。ポイントは具体性です。細かくしていけば必ず何かしら自分の心に影響を及ぼします。

　時間があれば自宅の部屋、公園、喫茶店、電車やバスを待つ間にセンソリー練習をしてみて下さい。

　アクターズ・スタジオでは11時のセッション開始前に準備の

ために早くステージに上がれるので、場所を作り上げる課題のときには30分から1時間かけて作っていきます。

Forth Wall ／4番目の壁

　観客側に想像で作る見えない壁のことです。観客とのラインを引くのに役立ち、見られている意識が薄くなるので、どんな芝居でも4番目の壁は作ることをお勧めします。

例）部屋

　台本に設定が書いてある場合にはそれをもとに作ります。具体的に4番目の壁のどこに窓、鏡、時計、額縁、写真などを置くか、場所が同じでないといけない場合は、共演者と話し合ったり、演出家に決めてもらいます。

例）夕方

　窓の外を見て「なんてきれいな夕陽なんだろう」という台詞があれば、ただ漠然とした夕陽を見るのではなく、4番目の壁に具体的な夕陽を作り、見ることが大切です。

例）鏡

　4番目の壁に鏡がある設定では、例えば、
　・年齢を気にしている役なら顔のシミやシワをまじまじと見る
　・デートの前に、服装を確認する
　・鏡の中の自分自身に悩みを相談する
　など、細かに見ていきます。そうすることによって個人的になり、キャラクターの内面を暴くことができます。

4番目の壁・オーディション経験談

　映画『Town & Country（邦題「フォルテ」）』の一次オーディションがセントラルパーク近くのホテル・エセックスハウスの小さい部屋でありました。初ハリウッド映画のオーディションで緊張していましたが、どうにか一次はパスできました。二次オーディションはピーター・チェルソム監督も来て、別の大きな部屋でオーディションが行われました。

　再度サイズ（オーディション用台本の一部）を読み返し、役作りに取り組みました。日本から来たビジネスマンが、ロングアイランド（ＮＹ近郊）にある家に見学に来る設定です。そこでオーディションでは、部屋の中を具体的に決めて、それを見ることにしました。実際にそうしてみると緊張をあまりせず、シーンがとても楽しくなり、監督に見られている意識も消え、楽に演じることができました。

　4番目の壁を作り、場所を具体的に設定すると、その場に楽にいられるだけではなく、緊張の度合いも少なくなるということを学びました。

*ピーター・チェルソム　『セレンディビティ』『マイ・フレンド・メモリー』『Shall We Dance?（アメリカ版）』『しあわせはどこにある』などを監督。

使えるセンソリー

- ・サテンを肌で感じる　→　セクシー
- ・船の揺れ　→　酔っ払い
- ・胃痛　→　恋している
- ・好きなものを食べる　→　至福の感覚

・寒さ　→　ドラッグ中毒者

　　など

　実際に演技で使えるセンソリーは山ほどあります。これ以外に
もあると思うので考えてみて下さい。

第六感

　センソリー練習で五感を鍛えるということは、感覚が研ぎ澄ま
され、直感力が増し、第六感の閃きに繋がっていくと思います。
僕の経験上、役作りをしているとき、例えば電車の中、お風呂の
中、トイレの中、ランニング中、散歩中などに突然アイデアが浮
かんだり答えが出たりするのは、五感を普段から鍛えているから
だと思います。僕は第六感を信じます。

モノローグ

モノローグの種類

　日本語でいえば独白で、

　①役が頭で考え、心の中で思っていることを独り言として話す

　② 対 話 の中から長い台詞を抜き出して話す

　③観客に向けて話す

　以上の三種類があります。

　本来モノローグといわれているものは、①のようなハムレットの「生きてとどまるか、消えてなくなるか、それが問題だ。(続く)」のような長い台詞です。②は対話の中の長い台詞を抜き出す形で、話す相手が誰かいます。③は話す対象が観客になります。ここではすべてを総称してモノローグと呼びます。

　アメリカでの舞台オーディションは、ほとんどの場合は指定された種類のモノローグを行います。古典のドラマ／コメディ、現代もののドラマ／コメディがあり、芝居の種類によってオーディションを行う側が指定します。俳優は大体この4種類のモノローグを準備して持っていて、オーディションによって使い分けます。ですからアメリカではモノローグ集が多く出版されているのです。

『スプーンリバー』

　マイズナーテクニック二年生のプログラムでは、エドガー・リー・マスターズ『完訳 スプーンリバー詞花集』(岸本茂和 訳　朝日

出版、2004年）を使い、モノローグ練習を行います。

『スプーンリバー』を読み一番自分の心に響き、キャラクターと強い繋がりを感じるモノローグを選びます。詩独特の文体で、現代英語ではなく昔の表現が多いので、僕は読むのに大変苦労しました。

次の項で詳しく説明しますが、パラレルはホップ、パラフレーズはステップ、実際の台詞はジャンプのような感じで、ホップ、ステップ、ジャンプで羽ばたきます。

パラレル、パラフレーズはあらかじめ書いたりせず、クラスで即興で行うので、英語力が乏しかった僕は少し下書きをして行いました。マイズナーテクニックで一番苦労した課題です。

モノローグ『感謝』

佳典、仏壇の前にいる。

「敬子……この二年間よく頑張りましたね。ゆっくり休んで下さい。

高校の入学式で一目惚れしてから20年、昨日のように思い出されます。

今までたくさんの思い出をありがとう。

定年を迎えたら一緒に世界一周のクルーズで、老後をエンジョイしようと約束したけど、君は一人であっちの世界へ飛び立ってしまいましたね。

指切りげんまんウソついたら針千本飲ます。指切った。

約束したじゃん、駅前の屋台で……。

君にプロポーズをしたとき、僕が『二人三脚で一生君と歩いて

いきたい』と言うと君は笑い『じゃあ今から二人三脚よ』と言って僕のネクタイを足に結び、二人で渋谷のセンター街を歩きましたね。（ポケットからネクタイを出す）

　これからは足ではなく、君の心と二人三脚をして生きていきますね。

　目に見えないけど君は天使になって、いつも僕のそばにいてくれていると思っています。

　ありきたりの言葉でごめんね。本当にありがとう……永遠に愛しています。」

　（終わり）

　初めて読んだときの感想は新鮮なので書き留めておくと良いと思います。同時にどう演じるかのイメージが浮かんでくるので、頭の中の演出家を追い出し、どんな可能性にでも飛び込んでいって下さい。

　この例のモノローグ『感謝』を使って、次項でパラレルとパラフレーズの説明をします。

パラレル

　モノローグに書かれている内容や状況を、自分の経験や現在の状況の中で近いものを探し、口に出して言ってみることです。

　佳典が、死別した最愛の妻に仏壇の前で話しかけているのは、一目瞭然です。実際にこれと同じような経験をした人は、なかなかいないと思います。

　そこでまず、自分の人生で最愛の人と別れた経験を探します。例えば可愛がってもらった祖母、恋人、恩師、親兄弟、親友、家

族のようだったペットなどを、自分の経験から探します。以下に僕の例を載せます。

例）フィル・ガシー

　僕にとって恩師でありＮＹでの父のような存在でした。彼は長い闘病生活の後、2003年夏に天国に旅立っていきました。今の僕がいるのは彼の教えがあってのことです。いつか日本に連れて行く、オスカーを取ったらスピーチでお礼を言うなど、彼とたくさんの約束をしました。しかし約束を果たせないまま、いなくなってしまいました。

　この経験をもとに世界で一つの自分のモノローグを即興で話します。

　「ハイ、フィル。病気と５年間闘ってきて、あまりお見舞いに行けなくてごめんね。

　天国でゆっくり休んで下さい。ＮＹに来てすぐで、英語もろくにしゃべれないのにクラスに入れてもらったのは、もう25年前。昨日のように思い出されます。いつか僕が有名になってお金持ちになったら、日本に一緒に行こうと約束したけど、先に天国に行ってしまいましたね。約束して握手をしたよね、あの行きつけのチャイニーズレストランで。オスカーを取ったら、絶対にスピーチでお礼を言うよと言ったとき、笑って『皆そう言うけど、本当に言ったのはヘレン・ハントぐらいだよ』って言いましたよね。アクターズ・スタジオに受かったときは、自分のことのように喜んでくれましたね。これからオーディションのとき、アドバイスは受けられないけど、教えてもらったことを胸に生きていきます。

目には見えないけど、いつも天使になって僕を応援してくれていると信じています。本当にありがとう。この恩は一生忘れません」

　書いているとそのときの情景が事細かに蘇って、涙ぐんでしまいました。普段はアクターズシークレット（P110参照）で決して自分のプライベートなことは口外しませんが、具体的な例があると分かりやすいと思うので、読者のみなさんのためだけに特別に書きました。言っている内容は違いますが、本質の部分は同じだということが分かると思います。100％同じような経験はなかなかないので、近い経験でも良いです。大事なのは自分の心のコアと繋がっていて影響を及ぼすかどうか、ということです。一つのエピソードがワークしなくても違うエピソードを探していって下さい。

パラフレーズ
　モノローグの内容を自分の言葉に変えて言ってみることです。多少付け足しても、話の筋からそれなければ問題ないです。

　「敬子……この二年間よく頑張りましたね。ゆっくり休んで下さい。
　高校の入学式で一目惚れしてから20年、昨日のように思い出されます。
　今までたくさんの思い出をありがとう。」（続く）
　　　　　　　　　　　↓
　「敬子……この二年間、闘病生活大変だったね、よく頑張った

モノローグ　　143

と思うよ。天国でゆっくりしてね。

　あっという間の20年だったね。入学式で君を見た瞬間ピピッときて、恋に落ちたのがまるで昨日のようだよ。

　たくさんの楽しい思い出ありがとうね。」（続く）

　実際に書かれている台詞と、普段の自分の話し方や言葉の使い方などに違いがあるので、それを自分の言葉に変えることによって台詞を崩し、モノローグを自分の話のように近づけることができます。

　基本的に即興で行えば良いので事前に書く必要はありません。

　特にこの練習は翻訳劇や古典劇の台詞を落とし込むときに役立ちます。読んだときに「こんな風に話さないよ」「台詞が言いづらい」「何かギャップを感じる」と思ったことはないでしょうか。

例）ハムレット

　「生きてとどまるか、消えてなくなるか、それが問題だ。」

↓

　「生き続けるか、消えるか、どうしたらいいんだろう。すっげぇ問題だぁ。」

　パラフレーズを行った後、すぐに台詞を言うと自分に近づくのを感じられると思います。

　モノローグだけでなくシーンの台詞のときにも活用してみて下さい。

144　　　　Ⅰ 演技術編

目的・アクション動詞・個人化

　目的を決め、一行一行にアクション動詞を付けます。さらに場所や物事などを具体化、個人化します。

　目的：どれほど愛しているか分かってもらう

「敬子……この二年間よく頑張りましたね。」
to 褒める

「ゆっくり休んで下さい。」
to 労う

「高校の入学式で一目惚れしてから20年、昨日のように思い出されます。」
　to 思い出させる

＊高校の入学式＝自分の高校の入学式

「今までたくさんの思い出をありがとう。」
　to 感謝する

＊たくさんの思い出＝自分の楽しかった思い出ベスト3

「定年を迎えたら一緒に世界一周のクルーズで、老後をエンジョイしようと約束したけど、君は一人であっちの世界へ飛び立ってしまいましたね。」
　to 不平を言う

＊世界一周のクルーズ＝自分の一番好きな遊園地の乗り物

「指切りげんまんウソついたら針千本飲ます。指切った。」
to 約束する

「約束したじゃん、駅前の屋台で……。」
to 非難する

＊駅前の屋台＝自分の大切な人と行ったレストラン

「君にプロポーズをしたとき、僕が『二人三脚で一生君と歩いていきたい』と言うと」
to 懇願する

＊二人三脚＝自分の一番好きなゲーム

「君は笑い『じゃあ今から二人三脚よ』」
to 真似する

「と言って僕のネクタイを足に結び、二人で渋谷のセンター街を歩きましたね。」（ポケットからネクタイを出す）
to 確認する

＊渋谷のセンター街＝自分の初めてのデート場所
＊ネクタイ＝思い出の品

「これからは足ではなく、君の心と二人三脚をして生きていきますね。」
to 宣言する

「目に見えないけど君は天使になって、いつも僕のそばにいて

くれていると思っています。」
　to 安心させる

＊天使＝自分の尊敬する人

「ありきたりの言葉＊でごめんね。」
　to 謝罪する

＊ありきたりの言葉＝頑張れ、ありがとう、ごめん、など

「本当にありがとう……」
　to 感謝する

「永遠に愛しています。」
　to 宣誓する
（終わり）

　決められたアクションを一つひとつ実行していきます。音楽で
いったら音符のようなもので、アクションの種類が多ければ多い
ほど、モノローグのカラーがたくさん出てきます。
　同じようなアクション動詞を連続で選択すると同じような言い
方になり、退屈になってしまいます。物事や場所を具体化・個人
化することによって影響され、細かいヒダのようなビヘイビアが
出てきます。
　もし僕が「高校の入学式」と言ったら柏陵高校で、その後彼女
になる女の子（たち）との出会いがあり、高校での出来事のすべ
てを知っているのです。役を演じるときにも知っているのが理想
です。

モノローグ ①独り言

　普段、独り言として心で思っていることを口に出すことがあると思います。

　この場合は、まず目的を決めてもう一人の自分に問いかけてみて下さい。『ハムレット』のモノローグなら、例えば「生きるか、死ぬか、どちらがいいか結論を出す」です。

　違う方法として、実際は話す対象が存在しませんが、具体的な人物を決めてその人に話してみます。『ハムレット』の場合は父、幽霊、自分の信じる神などを選択してみます。

　僕がこのモノローグをアクターズ・スタジオでやったときには、フィルの霊に結論を求めるようにやりました。フィルが生きていたときは、アクターズ・スタジオのバルコニー右側の最前列に座って、いつもセッションを見てくれていたので、彼の霊に語りかけることが、ハムレットが父の霊に語りかける状況に合っていて、多くの影響がありました。

モノローグ ②話す対象がいる

　対話の中から長い台詞を抜き出すので、必ず相手がいます。話しかけている人物を決めなければ、演技ができないと言っても過言ではありません。逆にこれさえ決めれば演じることができるのです。役が話しかけている人物に当てはまる人を自分の中で決め、置き換えます。

　モノローグ『感謝』は対話ではありませんが、話しかけている対象がいるので、敬子を自分の中で探します。僕の場合はフィルです。

モノローグ ③観客へ

　4番目の壁を壊して観客に話す場合でも、稽古の段階では具体的に置き換えて練習をしてみて下さい。

例)「レディース・アンド・ジェントルマン」という台詞
　・レディース＝母親　ジェントルマン＝父親
　・レディース＝三歳の姫　ジェントルマン＝5歳の甥
　・レディース＝女の親友　ジェントルマン＝男の親友

　置き換えて言ってみると台詞の言い方が変わってくると思います。
　舞台で実際にいる観客に話しかけ交流する場合は、経験をして技量を上げていって下さい。

モノローグ練習法

・実際の相手に言う

　相手に居てもらいその人にモノローグを話します。相手から影響を受けるようにして、目的を実行しながら相手に伝えていきます。相手役は聞きながら、衝動があれば反応して下さい。あいづちを打ったり「へー」「うん」「はい」などと言いたければ言っても結構です。

・遠くの相手に言う

　相手に離れた場所に居てもらい話します。距離があるので、普段より伝えようとする力が働きます。

・目隠しをして

　目隠しをして相手を捕まえようとしながらモノローグを言います。これはクリシェを壊すのに役立ちます。

・ウィスパーで

　相手に居てもらいウィスパーで話します。声に抑圧がかかるので、伝えようとする力が強くなります。

・目的を変えて

　モノローグとは関係ない目的を決めて言ってみます。モノローグ『感謝』では、全く適切ではない「あなたをひざまずかせたい」「あなたをベッドに連れて行きたい」「あなたをよいしょする」などを試してみます。クリシェを壊すのに役立ちます。

・早口で

　台詞のパターン化を壊す場合に役立ちます。決まった言い方で台詞を覚えている場合は、早口で言うと台詞に詰まることが多々あります。

・センソリーで相手を見ながら

　想像で話す相手を決めたらセンソリーでその人物を見てみます。

　モノローグ『感謝』では、例えば敬子を自分の高校時代の恋人に置き換え、初デートのときを思い出して彼女を見ようとします。どんな服？　髪型は？　靴は？　目、鼻、口、耳、頬、眉毛など細かく具体的に見ていくことに集中することで"見せる演技"を避けることができます。さらに彼女からの影響も受けることがで

きます。

・センソリーで場所を作って

　過去を回想するときは自分の通っていた幼稚園や小学校など、懐かしく感じる場所を作ってみると良いでしょう。モノローグ『感謝』なら自分の通っていた教室、校庭を作ります。

・その他のセンソリーを使って

　センソリーを使うとクリシェを壊すことに役立ち、気付き、発見があると思います。モノローグ『感謝』ならお線香の匂いを作ってみます。

　その他にも、酔い、暑さや寒さ、頭痛、日焼けなどを試してみて下さい。

・as if で

　モノローグ『感謝』なら

　as if 自分の大好きだった人のお墓の前で、as if 自分の大事な人が棺に入っている、などがあります。

・アクティビティを使って

　モノローグに合う具体的なアクティビティを決めます。行動に集中することで緊張がほぐれます。

　モノローグ『感謝』なら数珠を数えながら言ってみます。その他にも、お金を勘定しながら、部屋やテーブルを片付けながら、編み物をしながら、髪を整えながら、爪を磨きながら、などがあります。

・肉体的な負荷をかけて

　僕がネイバーフッド・プレイハウスで学んで初めてのシーンをやったとき、イメージ読みから抜け出せなくて、壊すために逆立ちをして台詞を言わされたことがありました。モノローグも同様で、どうしても言い方の癖が抜けなかったり、クリシェを演じてしまったりする俳優は、逆立ち、腕立て、腹筋、空気イス、手押し車など、フィジカルなことをしながら台詞を言えば、クリシェが壊れると思います。経験上、負けず嫌いな人がワークする可能性が高いです。

詩集・手紙集

　すばらしい詩集・手紙集がたくさんあります。自分に通じる作品を選び、演技の勉強に活用させて頂くのも良いと思います。

　男性だけの例ですが『きけ わだつみのこえ——日本戦没学生の手記』（日本戦没学生記念会 編　岩波書店、1988年）から一番自分の心に響く手紙を選び、覚えて人前で話してみて下さい。何か感じるものがあるでしょう。

　平和な国日本で演技ができ、アートを追求できるのも、日本のために尊い命を犠牲にされた先祖の方々がいるからだと心から感じられると思います。また命がけで演技に取り組んでいく姿勢につながるでしょう。

キャラクターワーク

キャラクター

　ネイバーフッド・プレイハウスに入学したての頃、マーティン先生に「パチーノ、デ・ニーロ、ダスティンも皆、どんなキャラクターをやろうと彼らは自分を使っているのだから、スタートはまず自分を知ることだ」と言われました。というわけで、一年生のときに徹底的に自分を知るという訓練を行い、二年生でキャラクター作りや実践的なテクニックを学びました。

　僕はキャラクター作りの表現の仕方として "自分の中にある要素の一部分を膨らます" という言い方がベストではないかと思っています。

　僕の中にあるいろいろな要素を5段階で分析してみました。

　見た目の良さ（魅力的）　3
　セクシャリティ　2
　おもしろさ　5
　明るさ　4
　自信　3
　意地悪さ　2
　すけべさ　4
　品格　3
　知性　3
　社会性　4

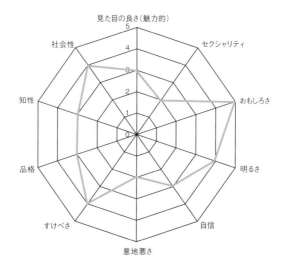

　皆自分の表を作れると思います。その数字が高いところが、普段周りの人から言われる性格なのだと思います。

　僕がプレイボーイの役を演じるときは"見た目の良さ"が3、"セクシャリティ"の部分が2なので、そこが特出するようにしなければなりません。もしジョニー・デップがプレイボーイの役を演じる場合には、それほどストレッチする必要はないと思います。もちろんプレイボーイでもいろいろなタイプがいるので、具体的に作っていかなければなりません。

　自分が演じるときに、自分とかけ離れている役に自分を近づけていくことをストレッチと言います。やりやすい役なのか、そうでない役なのかはストレッチが必要かどうかにかかってきます。

　ストレッチなしで演じられる役をやり過ぎると飽きてきます。周りもタイプキャストといって、いつも同じような役しか与えて

くれません。アクターズ・スタジオでは、商業ベースでキャスティングされそうもない役を選んで練習します（僕がハムレットに挑戦するように）。

普段の生活でよくある話ですが、今まで内気で暗かった女の子が、恋をして急にきれいになったということがあります。自分に対する自信、女らしさ、セックスアピールの部分が膨らんで伸びた一例だと思います。

役の性格

冒頭にある役の描写、自分の台詞、相手の台詞、ト書きから役の情報をすべて書き出します。それをもとにどのような性格か分析します。

他に脚本・戯曲を読んで、役に当てはまる形容詞、形容動詞（名詞としても使える臆病、内気、冷淡、短気など "○○な" と付けられます）を書き出し、イメージを掴み、役の性格を導き出す方法があります。例えば "かわいい" "怒りっぽい" "おおげさ" "温厚" "真面目" などです。

情報が多く書かれていない場合はヒントを探し、入り口を見つけ、そこから自分の想像力をふんだんに使い、具体的なイメージを作り上げます。

導き出した性格を、これから説明する各練習法を使い、自分を出発点にして役を作り上げていきます。

イメージを演じない

「僕はシャイです」「君はなんてセクシーだ」「お前は気が短いんだよ」「お前ネクラだなぁ」「彼女は真面目だからなぁ」などと

性格が台詞の中で出てくることがあります。今すぐにシャイなキャラクターを演じようとすると、頭の中の"シャイな人のイメージ"を演じてしまうと思います。自分の頭にこびり付いているイメージを追い出せるかが、キャラクターワークの鍵であり、最も重要なことなのです。

伝記・バイオグラフィー

　「役のバイオグラフィーを書きなさい」と言われますが、どのように書けばいいのでしょうか？　一冊の本ができるぐらい具体的に書くのが一番良いと思います。自分の人生ならすべて知っているのと同様に役の人生も知っていたらベストです。まずは脚本・戯曲からの情報だけで書き上げます。書かれていない情報は自分の想像を使って答えて下さい。自分史の書き方の本も販売されているので、参考にするのも良いと思います。

　例）
　名前
　年齢
　生年月日
　血液型
　星座
　出身地
　育った家庭環境
　家族構成
　恋人
　学歴

職業

趣味

好きな食べ物、映画、俳優、場所など

嫌いな食べ物、映画、俳優、場所など

子供の頃楽しかった思い出

子供の頃辛かった思い出

など無数にあります。

　一冊の本ができ上がってしまうほどの伝記が書ければ良いのですが、それには莫大な時間と労力がかかります。ハリウッドスターのように一本の映画で何億ものギャラをもらえるのであれば、半年や一年をかけて役作りができると思います。しかし現実にはなかなかそこまで時間を割けません。その場合には、キャラクターで一番大事な部分を掘り下げていって下さい。

フィジカル・アジャストメント

　マイズナーテクニックの二年生で勉強する方法で、体の一部分を調節することでキャラクターにアプローチします。

例）

首が傾いている

背筋がピンとしている

猫背

右手が曲がっている

腰が曲がっている

胸が突き出している

顎が上がっている

内股・がに股

など

　試しに顎を上げてみて下さい。優越感を感じるのではないでしょうか？　腰を曲げて少し歩いてみて下さい。暗い気持ちになりませんか？

　自宅で練習するときは、体に染み込みPOVが表れるまで歩いたり、座ったり、物に触れたりなど簡単なアクティビティをしてみます。

　稽古場ではPOVが表れたらレペテションを行います。

　POVが表れるということは、スイッチオンの状態になりキャラクターがすべてやってくれるような感覚になることです。そうなると自分でも思いがけない行動を取り、たくさんの気付き、発見があります。

　実際にやってみると分かるのですが、体の一部分を変えると普段の自分とは違う観点で物事が見えたり、感じられたりするようになり、違う部分が膨らんでいきます。いろいろなフィジカル・アジャストメントを稽古場で試していき、役作りをするのに一番良い選択を見つけます。

　街で行うと風景が違って見えます。

アニマルから

　人を見て「この人ゴリラみたいだな」「ペンギンみたい」「蛇みたい」「熊みたい」などと思ったことはないでしょうか。大体の人間は、見た目や性格などから、何かしらの動物に当てはまるも

のなのです。時間があれば、街に出て通りかかる人たちの動物が何かを探ってみて下さい。楽しいだけではなく勉強になります。

　アニマルから役を作り出す方法は大変効果的で、アメリカでもよく使われています。『ゴッド・ファーザー』のマーロン・ブランドの喉を撃たれたブルドッグ、『マグノリア』のトム・クルーズのキツネ、『狼たちの午後』のアル・パチーノの雑種犬などがあります。ジュリエット・ビノシュはインタビューで普段の生活の中で猫を演じてみたと言っています。

アニマルをもとに作り上げる方法

　脚本・戯曲の中に答え、もしくはヒントがあると思いますので、実際に動物を見て、キャラクターに当てはまる動物を見つけていきます。『やけたトタン屋根の上の猫』（テネシー・ウィリアムズ作）では、主人公のマギーは猫だとはっきりと書いてあります。

　ヒントがない場合はインスピレーションや想像を使い探していきます。はっきりとしない時点でも、動物園に行くなどをして実際に動物を見ることで答えが見つかることがあると思います。

　稽古場で実際に試してみると違ったり、他の動物だと気づいたり、発見があるでしょう。試行錯誤をして見つけ出していって下さい。

例）動物から作るキャラクター

　　セクシーな女性 → ネコ

　　乱暴な人 → ゴリラ

　　気弱な人 → ネズミ

　　疲れた人 → ゾウ

冷血な人 → ヘビ
優雅な人 → キリン
など

　動物園に行ったら具体的な動物を一匹選び観察します。人間同様、一頭、一匹ずつ違うので具体的に選ぶことが大切です（ハチ、クラゲ、アリなど一つを選べないものは構いません）。

　実際にその動物をできるだけ再現できるように、頭のてっぺんからつま先まで細かく観察しスケッチをします。クラスで動物を入れ込む際にスケッチが出発点になるので、時間をかけてよく観察し、スケッチをして下さい。

スケッチ／竹下かおり、野田英治

"がに股""体を掻くときは指の裏で掻く""興奮すると胸を叩く""口をつねにもぐもぐしている""歩くときはものすごくゆっくり"など具体的な特徴を箇条書きにしてみるのも良いと思います。

鳴き声は練習の際に必要ですので必ず聞いて下さい。もし鳴き声を出さない動物であれば、想像で決めます。次の項で説明しますが、この鳴き声が人間の言葉を話すときの架け橋になります。DVDやインターネットなどを参考にする方法もあると思いますが、直接観察するのがベストです。実際に観察した動物を深めるために、後でそれらの映像を見るのは良いと思います。

講師が誘導するアニマル練習法

◇描いてきたスケッチを目の前におきます。

◇リラクゼーションをして動物が入りやすいような状態にして下さい。

◇呼吸を繰り返してリラックスします。

◇鼻から呼吸をして動物のエネルギー・エッセンスを体全体に入れ、口から息を吐き出します。

◇この作業を数分続けます。行うたびにエネルギー・エッセンスが体に充満していきます。

◇全体のエネルギー・エッセンスが充分に入ったら、次は動物のパーツごとに分けて、それぞれを呼吸とともに入れていきます。目なら目、鼻なら鼻、耳なら耳、尻尾なら尻尾といった具合にそこだけに集中します。

◇できる限りその動物と同じ格好をします。そのときに、肉体的にその格好を続けて苦痛を感じるならば、少し緩めても良

いです。四つ足の場合、歩くときに膝が痛くなる可能性もあるので、ニーパッドを付けるなど工夫をしましょう。蛇やハエなど同じ格好ができないのであれば、近い格好でも良いです。

◇充分にエネルギー・エッセンスが入ったら動物の鳴き声を出してみます。

◇鳴き声が出せるようになったら、スケッチから離れて動き始めます。スケッチを離れるときには、充電は100％になっているようにして下さい。

◇稽古場のいろいろな所に連れて行ってあげ、好きなことをして下さい。なお、始まる前に餌を仕込んでおき、動けるようになったらそれを動物として食べると深く入れるきっかけや新しい発見があるかもしれません。

◇他の動物と絡みたい衝動があれば絡んでも良いです。

◇エネルギー・エッセンスが抜けてきていると感じたら、いつでもスケッチに戻り、呼吸をして再充電して下さい。

◇充分に動物として存在できるようになったら人間化していきます。四足なら二足歩行に、二足歩行なら少し人間らしく、足が無いのであればどうにかして立ち上がります。この段階の作業はハードルが上がるので、丁寧に時間をかけて行って下さい。進んでは戻り、進んでは戻りの作業を繰り返し、少しずつ人間化していきます。

◇二足歩行になったら稽古場を歩いてみて下さい。鳴き声は衝動を感じたときに出し、特に動物が抜けかかったときに出すと効果的です。この段階でかなり動物の要素があっても構いません。

◇音楽をかけ踊ります。自分で踊るのではなく動物が勝手に踊るという感じで、衝動があれば鳴き声を出します。初めはノリノリで踊りやすい曲が良いでしょう。二曲目は絡みたければ他の動物と一緒に踊ります。このときも衝動に従ってやりたいことをして下さい。

◇曲を止めます。歩きながら呼吸を整え、動物の特徴が強く残っている箇所を小さくしていきます。凝縮する、といった感じでしょうか。街を歩いても人からジロジロ見られない程度まで小さくします。しかし動物の要素が前面に出ていても良い役の場合は、そのままにします。

◇パートナーと組み、鳴き声でレペテションを行います。感じているものを鳴き声に乗せて出します。

◇次に言葉を発しますが、いきなりではなく、初めは鳴き声を出し、途中から言葉にしていきます。このとき重要なのが、途中で息継ぎをせずに一息で発することです。「ウォーーーーーあなた笑ってる」という感じです。

◇言葉のみのレペテションを行います。充分にキャラクターで反応してレペテションができるようになったら終了します。

　なお、オプションで次のような要素を入れることもできます。喉がつぶれている犬、妊娠している熊、足をくじいた象、片方の爪がないカニ、などです。

　最終的に動物の一つか二つの要素が役に残ります。例えば猫だと尻尾と歩き方、ペンギンだと歩き方と手の感じ、蛇だと目と舌の使い方、キリンは首の長さと歩き方などです。

キャラクターワーク

またモノローグやシーンワークに取り組んでいるときであれば、その台詞を動物として発してみます。

　モノローグの初めの台詞を鳴き声を使いながら話します。すると架け橋になり、自分の深く感じている所から言葉が出てきます。ただ台詞を言っているだけに感じたら、鳴き声を出すと深く感じる所に戻してくれます。

　シーンワークはパートナーと行いますが、台詞の出方にとらわれず、動物に話させて下さい。相手とのコネクションが途切れてきたと感じたときには、鳴き声を出すのも良いです。

　感覚を覚えておき、キャラクターをいきなり抜くのではなく少しずつ抜いていきます。長時間の現場では待ち時間に完全に抜くのではなく、ガスを弱火にするように調整して、撮影の際に強火にできるようにしておくと良いと思います。

アニマル練習で大事なこと

　アニマル練習で大事なことは頭を使わないことです。意味不明なものが浮かんできて行動しても構いません。アニマル練習で陥る初めの罠は、その動物のイメージを演じてしまうことです。ネコならこんな感じ、ゴリラならこんな感じ、サルはこんな感じなど、頭で決め付けてしまうと実際の動物が入ってきません。大事なのは段階ごとにやらなくてはいけないことを一つひとつやっていくことです。

　役作りをしていく上で、自分がほしかった役の要素が出てこない場合が多々ありますが、見つけられるまで何回も挑戦してみて下さい。

またアニマル練習は、俳優の持っている癖を壊すのにも大変役に立つでしょう。

アニマル練習経験談

アクターズ・スタジオで、友人のマイケルが『Cowboy Mouth』（サム・シェパード作）の練習をやっていて、ロブスターマンという役があるのでやらないかと誘われました。「これは単純明快！ロブスターから役を作れば良い」と思い、近所のスーパーに生きているロブスターを買いに行き、自宅で観察を始めました。

ジムと名前を付け、スケッチをしたり、直接触って匂いを嗅いだりと、数日間一緒に過ごしました。情が移りとても愛おしくなりましたが、数日後に死んでしまい、近所のダイクマン・フィールドの木の下に埋葬しました。その甲斐あってセッションでは上手くでき、今までで一番動物が入る感覚を持つことができました。ジムありがとう。

as if から

as if をもとにPOVが表れるまで練習し、キャラクターを作り上げます。

例）
as if 尻にしっぽがついている
as if 全身に入れ墨が入っている
as if 首の長さが50cm
as if 足が鉛のように重い
as if 胸が大きい・小さい

キャラクターワーク　165

as if ガーターベルトをしてそこに５万円が挟んである
as if 自分は首相、大統領
など

実際にいる人物から

　実際に実在する人物を研究してキャラクターを作り上げていきます。僕はフィルのクラスで『Curse of the Starving Class』（サム・シェパード作）でビジネスマンを演じたときに、現地に駐在していた商社マンをもとに役を作り上げました。ハーヴェイ・カイテルは『タクシードライバー』のピンプ（売春婦の元締め）の役を演じたときに、本物のピンプと二週間アクターズ・スタジオで役作りをしたそうです。

　ＮＹは面白い人、一風変わった人、ぶっ飛んでいる人など特徴のある人間の宝庫です。マーロン・ブランドは役作りの勉強のためにタイムズスクエアで一日中、人間観察をしていたそうです。ＮＹほどではないと思いますが、日本でも東京のように特徴のある人間がたくさんいる街があると思いますので、時間を見つけて人間観察をしてみて下さい。

　キャラクターを入れる方法は、動物と同じように具体的に人間を観察します。身体的特徴、癖、動き、服装、持ち物などすべての情報を書き留めておいて、実際に稽古場でその人物を再現できる準備をします。必要であれば何度でも観察できる、所在の分かる人物の方が良いのですが、通りがかりの人物でもインスピレーションを感じるのであれば構いません。キャラクターが自分のものになったら、レペテション、キャラクターインタビュー（P173

参照）を行い、強固なものにしていきます。

キャラクターリサーチ

　説明することもないと思いますが、医者なら医者、刑事なら刑事、弁護士なら弁護士と、そのプロフェッショナルの知識を深めます。これもやり始めたらきりがありませんが、可能なだけ知識を深めて演技に役立てます。ミュージシャン、スポーツ選手などの役の場合は、肉体的、技術的にそのプロフェッショナルになれるように努力します。ロバート・デ・ニーロは『レイジング・ブル』でボクサーの役作りをしたときに、コーチに「このまま練習していけば、世界ランク5位以内に入れるだろう」と言われるぐらいトレーニングしたそうです。

　病気や依存症などの役も同じで、できる範囲でリサーチや研究をしましょう。

訛り

　役の設定で訛りや方言があればリサーチや研究をし、スピーチコーチを付けて練習します。アメリカでは『ガラスの動物園』『欲望という名の電車』（テネシー・ウィリアムズ作）では、南部訛りを付けることは重要な要素です。もし脚本・戯曲に書かれていない場合でも、訛りを付けることで役が面白くなったり、膨らんだりする場合には挑戦してみる価値があります。

有名人から

　これも実際にいる人物から作り上げる方法と同じですが、それが有名人であるという点が違います。ジョニー・デップの『パイ

キャラクターワーク　167

レーツ・オブ・カリビアン』のジャック・スパロウはキース・リチャーズをもとにしていると聞いたことがあります。

例）
マリリン・モンロー
チャールズ・チャップリン
グルーチョ・マルクス
ジェームズ・ディーン
マーロン・ブランド
渥美清
など

　同じくDVDなどで研究をし、実際にその人物が再現できるようにします。
　有名人の伝記映画はマリリン・モンロー、サッチャー首相、ジェームズ・ディーン、クイーン・エリザベスなど数多くあります。『マーガレット・サッチャー　鉄の女の涙』でサッチャー首相を演じたメリル・ストリープ、『オーディエンス』でクイーン・エリザベスを演じたヘレン・ミレンの演技はとても勉強になります。歴史上の人物を演じる際は、徹底的にリサーチや研究をしてみましょう。
　『男が死ぬ日』（テネシー・ウィリアムズ作）で東洋人を演じたとき、この役は三島由紀夫をイメージして書かれているので、できる限り彼の映像を見たり、本を読んだりして役作りに没頭したものです。当時はYouTubeもないので、友人に映像をＮＹまで送ってもらい研究をしました。

『男が死ぬ日』楽屋で

絵から

アクターズ・スタジオ50周年記念で、グループシアター*で公演された戯曲の本読みや練習法の再現などをする、一ヶ月間の公演が行われました。僕は数本の芝居の本読みに参加したり、グループシアターでやっていた練習を再現する10人ぐらいのグループに入り、当時の練習法を学びました。

その中で最も興味深く役立つと思ったものが、絵から絵へと移動する練習法です。

◇人物が描かれている絵を2枚用意します。
◇4、5メートル間をあけて並べます。
◇2枚の絵を観察して、どちらの絵からスタートするかを決めます。充分に絵からインスピレーションを受けたら、必ず正

面を向きながらその絵と同じポーズをとり、絵から飛び出し、もう一方の絵まで移動し、正面を向き、その絵と同じポーズで止まります。美術館に飾ってある額縁に入っている絵から飛び出して違う絵に移動するイメージです。ただ移動するのではなく、頭で考えず、自然に体が動くままに、絵から絵へのジャーニーを楽しんで下さい。できるだけニュートラルな状態で始められるように、その絵を事前にあまり見ていない方が良いでしょう。

この練習から感じたことは、絵とその中に描かれている人物を観察していると、その人物のキャラクターや状況などがものすごい力で伝わってくることでした。

数年後、青山治君と水島ジャンさんと勉強会をしていたときに、この練習法を使ってキャラクターを作ることを試しました。すると、まるで絵から人物が飛び出してきたかのように、生き生きとしたキャラクターを作り上げることができたのです。

＊グループシアター　1930年にハロルド・クラーマン、リー・ストラスバーグ、シェリル・クロフォードによって作られたレパートリー劇団。サンフォード・マイズナー、エリア・カザン、ステラ・アドラーなどが所属していた。アメリカ演劇界、映画界の発展に、多大な影響を及ぼした伝説的な演劇集団。

絵からキャラクターを作る方法
◇人物が描かれている絵を一枚選びます。

　ポスターがベストです。画集やポストカードなど小さいサイズのものでも可能ですが、なるべく大きい絵が良いです。

◇その絵をクラスに持って行き、観察し、絵からインスピレー

ションを受けます。

◇その人物と同じポーズをとって、充分にキャラクターが入ったら、絵から飛び出すように動き始めます。そして頭では考えず、キャラクターが感じるままに行動をします。椅子に座ったり、外を眺めたり、地面に座って遊ぶなど、また衝動があれば言葉を発してみて下さい。

強固なものになったら、キャラクターインタビューを行います。やってみると分かるのですが、不思議にキャラクターが入っていると、その場でどんな質問にも答えられます。一通り終わったらレペテションや即興をします。

脚本・戯曲を読み、演じるキャラクターに何らかの結び付きを感じる絵を選び、それをもとにキャラクターを作ることもできます。

左より黒田清輝『祈祷』1889年、小林万吾『物思い』1907年、黒田清輝『針仕事』1890年

キャラクターのイメージ画から

絵のワークからヒントを得て、自分の演じるキャラクターのイメージ画を描き、作り上げる方法を考えました。

◇脚本・戯曲を読み、想像力を使い、感じたままキャラクターのイメージ画を描きます。

◇そのイメージ画を目の前に置き、呼吸とともにエネルギーや感じるものを体に染み込ませていきます。

◇感じ始めたら、イメージ画に何でも良いので話しかけます。

◇イメージ画が伝えたい想いを受け取り、自分を通してそれを世界に伝えるのが役目、使命だと感じると良いと思います。

◇充分にキャラクターが入ってきたら動き出し、好きなことをしたり話したりして下さい。もし抜けてきたと感じたらイメージ画に戻り話をします。

◇そのときに、次の項にあるキャラクターインタビューやレペテションを行い、強固なものにしていきます。充分にキャラクターが入ったら終了します。

左より、チェーホフ作『かもめ』ニーナ（縄田かのん 画）、ファスビンダー作『ゴミ、都市そして死』ローマ（関根愛 画）、マーバー作『クローサー』ダン（野田英治 画）

シーンを始める前にイメージ画を見ると、キャラクターに入りやすくなると思います。

キャラクターインタビュー

伝説的演技講師ウィン・ハンドマン氏（デンゼル・ワシントン、リチャード・ギア、クリストファー・ウォーケン、クリス・クーパー、ジョン・レグイザモなどを指導）が、自分が主宰しているクラスで行っている方法を参考にしました。

このクラスに入るのにはオーディションがあったので、意識の高いプロの俳優が通っていました。クラスの特徴は、戯曲の中でパートナーとできるすべてのシーンを頭から行うことでした。このことによって一本の芝居を演じたような感覚になり、多くのことを学べるのです。僕もシーンスタディーでこの方法を採用しています。

俳優がキャラクターを作り上げたら、インタビュアーが丁寧に優しく天からの声のように質問をしていきます。俳優は場所を作ったり、動き回ったり、簡単なアクティビティ（飲み物を飲んでいる、爪を磨く、髪を梳かしている）などをしても良いです。

◇名前はなんですか？
◇年齢はいくつですか？
◇国籍は？
◇恋人はいますか？
◇結婚はしていますか？
◇職業は何ですか？
◇今どこにいますか？

キャラクターワーク　173

◇今何をしていますか？

などから始めます。

　俳優の返答により質問を変えていきます。苛立っているならなぜいらいらしているのか、悲しそうならなぜ悲しいのか、怒っているならなぜ怒っているのか、など聞いていき、キャラクターが強固でしっかりしているとインタビュアーが感じたら、質問を終了します。

　俳優はこれらの質問に対して、すべてキャラクターで返答します。インタビュアーは即興力が大事で、俳優の反応によって臨機応変に質問を変えていきます。もし掘り下げたい部分があれば、そこを重点的に質問します。例えば、先生、刑事、ビジネスマン、売春婦なら仕事のディテールを、主婦やひきこもりなら普段の生活を質問します。

　終了後、すぐにシーンやモノローグに入っていきます。また、アニマル、実際の人物、絵からキャラクターを作り上げた後の補強で使っても効果的です。

マスク（お面）

　アクターズ・スタジオでマスクのワークショップに参加させてもらったことがあります。有名人、犯罪者、天使などのバリ島の職人が作ったマスクを使い、キャラクターを作っていきました。マスクから来るエネルギーの強さ、マスクのキャラクターが全身にのりうつるような体験は衝撃的でした。そして他の俳優が変化していく過程を見て、キャラクター作りに新しい扉が開けたと感じました。

先生は、実際にマスクを使って『ハムレット』を上演したと言っていました。僕はマリア・カラスのマスクを被り、先生の誘導のもとに自信満々に歌を歌いあげました。まるでオペラ歌手のように歌が歌えたのです。その体験は彼女の魂が乗り移ったような感覚です。憑依したのだと思います。

　古代よりマスクを被り、大地や祖先に感謝の念を捧げたり、五穀豊穣を願ったり、死者の霊を慰めたり、即興劇にも使われていました。現代でも子供が、仮面ライダー、ウルトラマン、ドラえもん、セーラームーンなどのお面を被り、なりきって遊んでいます。

　そこで、プラスチックのマスクでも影響を及ぼすかどうか試したいと思い、勉強会でトライしてもらいました。結果は予想通りマスクからの影響を受けて、そのキャラクターに変身していきました。また気弱な若い俳優にトラのマスクを被ってもらって誘導したところ、彼の持っている乱暴さ、怒りの部分、普段見えない彼の性格の要素が全面に出て、まるで別人になったようでした。これを見て、絶対にキャラクター作りに使えると確信しました。

　この方法は学んだことをもとにして自分流にアレンジした方法なので、参考にしてみて下さい。

マスク練習法

　マスクの選択は練習であれば、どんなマスクでも構いません。自分のインスピレーションを信じ、見たときにピンとくるものを選択して下さい。

　特定のキャラクター作りのためであれば、役とマスクの結び付きを感じるものを選びます。

以前、冷淡で意地悪な役を演じたことがあります。そのキャラクターを蛇のマスクから作り上げました。目つきが鋭く攻撃的で、相手を見下すような感覚になり、意地悪さが内側から出るのを感じて演じることができました。

　注意点ですが、頭全体を覆うようなマスクはエネルギーが内にこもってしまうので避けて下さい。

◇マスクをじっくりと観察します。

◇鼻から息を吸いながら、マスクから感じるエネルギーを体の
　中に取り入れ、それを続けます。呼吸と共に取り入れる瞬間、
　目をつぶりたければつぶっても構いません。

◇マスク全体のエネルギーが入ってきたら、次に目、鼻、口、
　耳など、パーツごとに集中して体に取り入れます。

◇充分にマスクのエネルギーを体に取り入れたら、ゆっくりと
　マスクを着けます。

◇マスクの内側から感じるエネルギーを呼吸とともに取り入れ
　ます。

◇衝動があればそれに従い、動いたり声や音を出したりしてみ
　ます。

　大切なのは動物練習と同じく、頭で考えずに自分の衝動に従うことです。頭でこのマスクだからこう動く、こういう風にしゃべると決めないようにしましょう。マスクに未知の世界へ連れて行ってもらうような感覚で行います。

　ここからは基本的には誘導者が必要ですが、鏡を置いておき一人でも練習することが可能です。

◇マスクのエネルギーが充分に俳優に入り込んだら、誘導者が目の前に鏡を出します。その瞬間に感じる衝動を言葉、鳴き声、叫び声などなんでも良いので発します。それと同時に動きたい衝動があれば動いて下さい。

◇充分に俳優に入り込んだと判断したら、ゆっくりと誘導者がマスクを外します。

◇キャラクターをキープして感じるままに動いたり、話したりしてみます。

◇レペテションやキャラクターインタビューと組み合わせ、キャラクターを強固でしっかりしたものにしていきます。

◇終了したときに体に残っている癖や変化した部分をきちんと覚えておいて下さい。

マスクなしで感覚、癖、肉体的に変化した部分を再現して、キャラクターを作れるようにします。

コンプレックスのある役

複雑な役は二つ、三つ、四つとワークを重ねていかなければなりません。練習ではいっぺんに複数の要素をワークするのではなく、一つの要素に重点をおき、一つひとつ丁寧に積み重ねていきます。複数の要素を同時にワークすると多くの気付き、発見がなくなるので、注意して下さい。

例）『欲望という名の電車』(テネシー・ウィリアムズ作) ブランチ役
戯曲に載っている情報

- 南部訛り
- お嬢様育ち
- ベルリーヴという屋敷をなくした
- アルコール依存症
- 初婚の相手がゲイで自殺
- 最近教師の仕事をクビになった
- 愛する妹ステラがスタンリーと結婚し身ごもっている
- 明るい場所では男性と話ができない
- 恋人がいない

など

　すさまじい過去を体験していて、ここまで複雑なキャラクター
なのです。
　ブランチを成立させるためには訛り、アルコール依存症、男性
に対してのトラウマ、他のキャラクターとの関係性、劣等感、歳
を取ることに対しての恐怖心、お嬢様育ちなどすべての要素を取
り入れて、ごちゃまぜにしないといけないのです。プラス、セン
ソリーワークで南部特有の暑さも作り上げないといけません。

　「将来性のある偉大な俳優はほとんどすべてここで訓練を受け
た。そして、アクターズ・ステュディオの演技術は私のタイプの
劇にぴったりかなっていた。」

　　　　　　　（テネシー・ウィリアムズ 著、鳴海四郎 訳『回想録』白水社、1978年）

と書いているように、マーロン・ブランドの『欲望という名の電
車』、ポール・ニューマンの『熱いトタン屋根の猫』、イーライ・

ウォラックの『ベビイドール』など、アクターズ・スタジオの俳優の数多くが、彼の作品に出演しています。

　僕が『東京のホテルのバーにて』（テネシー・ウィリアムズ作）をセッションで行った際、アクターズ・スタジオ50年の歴史でこの芝居を扱ったのは初めてだと言われて、大変光栄でした。彼の作品をセッションで扱う俳優はとても多いです。それだけテネシーの書いている役を成立させるのには複雑なワークが必要なのです。

キャラクターチェックイン・チェックアウト

　キャラクターワークをするとき、始める前に紙に「これから○○になります」と書いてチェックインして、終わり次第「これで○○から出ます」と書いてチェックアウトする方法があります。これによってスイッチのオン・オフを決められ、終わった後にキャラクターを引きずることを避けることができます。それに加え、体をシェイクしたり、外に出たり、顔を洗ったりすることによってキャラクターを抜くこともできると思います。

衣装・小道具・化粧

衣装

　キャラクター作りを衣装という観点から考えます。自分の思い描く役の服装を身に着けて稽古をしてみましょう。

例）プレイボーイ役
　靴下を履かない
　ジーパンには下着を履かない
　Tバックしか履かない
　高級ブランドの服しか着ない
　シャツのボタンを胸元まで開ける
　ポロシャツの襟を立てる
　など

例）相手を誘惑する役
　スカートの下にガーターベルトをしている
　セクシーな下着をつけている
　ピンヒールを履いている
　超ミニスカートを履いている
　革のズボンを履いている
　など

　ベストな衣装を見つけることも大事ですが、どんな衣装が自分にどんな影響を与え、刺激になるかを探すのがポイントです。ア

イデアを信じてとにかくやってみましょう。「Let's do it and find out.」です。頭の中で答えを出さずに思いついたら試してみます。外から見えない衣装は演出家や周りの人に言わずに黙って試してみて下さい。何でも良いから秘密を持って演技をしていると快感があります。そのうち病み付きになり、演技をするのが楽しくなってくるでしょう。

　演出家や衣装さんに任せるだけでなく自分でどんどん考えて下さい。彼らのアイデアがまだ決まっていないときには、何か刺激を与え、違うアイデアなどが出るかもしれません。

『おーい、助けてくれ！』での経験談

　『おーい、助けてくれ！』（ウィリアム・サローヤン作）の芝居で若いハスラー役を練習していたときのことです。フィルに「この役はカウボーイブーツを履いているので、稽古の初期段階から履いて練習するように」と指示を受けました。実際に履いてみると歩き方が変わり、POVにも影響し、やさぐれている、不良っぽい、クールなどの役の芯との結び付きを感じることができました。

　ちなみにキャラクターにアプローチするときに、役の歩き方から始める方法もあります。

身の周りの人の服装を研究する

　ＮＹ時代、レストランでアルバイトをしているときに、お客さんで全身の持ち物すべてがピンクの人がいて、ピンクおばさんと名付けていました。ピンクの理由は聞いたことがありませんが、何か大きな理由が隠されていると思います。服装とキャラクターは密接な関係があります。時間があれば身の周りで、ブランド物

で身を固めている人、黒しか着ない人、ミニスカートばかり履いている人、原色ばかり着る人、薄着の人など、特徴のある人を研究してみて下さい。その裏には必ず理由があるはずです。

小道具・化粧

　これも衣装と同じようなことですが、稽古の段階でどんどんアイデアを試していきます。例えば暑い日なら、扇子、うちわ、ハンカチ、タオルなどで、寒い日なら、カイロやホットコーヒーなどを使ってみます。小道具を使うことによって、思わぬ発見やキャラクターの芯になる部分が見つかることがあります。

　その役の化粧や髪型はどんなふうなのか、またヘアーバンド、時計、ピアス、イヤリング、ブレスレット、ネックレスなどの装飾品を付けているのか、付けているならどんなものなのか、など質問をしていきます。
　ウィン・ハンドマンのクラスで『M.バタフライ』（デイヴィッド・ヘンリー・ウォン作）という芝居のシーンをやっていたときにソンという女性を演じていたので、クラス外でパートナーと練習するときも必ずメイク、衣装をつけて行っていました。

パーソナルオブジェクト（自分の持ち物）

　実際の稽古や現場に自分の物を持ち込んで影響を試してみます。

　例）お葬式のシーン
　・大事な人からの形見をポケットの中に忍ばせてみる
　・数珠を持ち込む

例）相手を誘惑するシーン
・コンドームをポケットに入れてみる
　一個で影響しない場合は二個、三個にしてみる。それでも駄目ならもっと性的に刺激のあるもの。(自分で考えて下さい)

例）殺意を抱いている相手を脅かすシーン
・内緒で小さいナイフをポケットに忍ばせておく

実際には見えない部分で、その状況で自分に良い影響を及ぼすと思うものは、アクターズシークレットでどんどん持ち込むと良いと思います。

下着は女性用で蝶のカチューシャがポイントです。

オープンダイアローグ

Well I'm here 練習

「オープンダイアローグ」とは抽象的な対話のことです。Well I'm here 練習もその中の一つで、マイズナーテクニックの二年生のときに勉強します。この練習で改めて具体性、選択、行動、ネイルダウン（P190参照）の大事さを感じたのです。そして何より、芝居作りの楽しさを学びました。

　【英語版】
　A　WELL
　B　I'M HERE
　A　SO I SEE
　B　YES
　A　WELL
　B　IS THAT ALL YOU CAN SAY
　A　WHAT DO YOU WANT ME TO SAY
　B　NOTHING
　A　NOTHING
　B　YOU DON'T TRUST ME
　A　IT'S NOT THAT
　B　THEN WHAT
　A　NEVER MIND
　B　STOP IT
　A　WHAT

B　THAT

A　I CAN'T

B　TRY

A　IS THAT BETTER

B　THIS IS HOPELESS

A　WHAT'S THE MATTER

B　I DON'T KNOW

A　YOU DON'T KNOW

B　NO

A　TELL ME

B　I CAN'T

A　THEN GO

B　I WILL

　下記はＮＹ時代、日本人俳優の勉強会のときに使っていた日本語訳です。この他にも訳は可能だと思いますが、長年クラスで使っているこの訳で挑戦してみて下さい。

【日本語版】

A　えーと　or　で

B　えっ、ここにいるよ　or　きたよ

A　なるほど　or　だから

B　うん　or　はい

A　えーと　or　で

B　それしかいうことないの

A　なんていってほしいの

B　なんにも　or　なんにもない

A　なんにも　or　なんにもない

B　しんじてない

A　そうじゃない

B　じゃなに

A　もういい

B　やめて　or　やめろ

A　なにを

B　それ

A　できない

B　トライしてみろ　or　努力してみな

A　このほうがいい

B　だめだ　or　どうしようもない

A　どうしたの

B　わからない

A　わからない

B　うん　or　だめ

A　はなして

B　できない

A　じゃ、いきなよ　or　いけよ

B　そうする

　漠然としている抽象的なAとBの会話で、どんな設定か、ストーリー、キャラクターなど全く分からないので、パートナーと話し合い、これらのことを決めていきます。この話し合いがクリエイティブな芝居作りの基礎となります。どんなくだらないアイデ

アでも相手を尊重し、自分の意見が絶対正しいと主張しないことが大切です。頭の中で判断せず、実際にやって答えを出すことがとても大事です。

　僕が作ったのは、相手役がウエディングドレスを持っていて、是非それを使いたいと言い始めたので、それを使う状況を作るところからスタートしました。結婚式直前で、僕が浮気をしている証拠を見つけ、控え室に入って来て口論になるというシーンでした。

　ストーリー、設定、キャラクターは数えきれないくらいあると思います。寝ても覚めても想像力をフルに使い、産みの苦しみを味わいながら創作の過程を楽しんで下さい。

例）Well I'm here『告白』

　　A　男性
　　B　女性

　　　Aは好きなBを呼び出し告白する。Aがドキドキしながら公園のベンチに座り、Bを待っている。

A　（鞄の中からスマートフォンを探しながら）えーと
B　（左手を振りながら登場）きたよ
A　（そのときAがBの薬指の指輪に気付き、思わずその左手を取りBの指輪を見て）なるほど（落ち込む）
B　（指輪をAによく見せて）うん（自慢する気持ちで）

（続く）

オープンダイアローグ　　187

例）Well I'm here『病院』

　　A　医者
　　B　患者

　　　Aが整形外科の診察室にいて、カルテを探している。

A　（カルテを探しながら）えーと
B　（ワインボトルを片手にニヤニヤしながらパジャマで入ってくる）きた
　　よ
A　（ワインボトルを取り上げて）だから
B　（ワインボトルを取り返し、鞄の中からコップを二つ取り出して注ぎ、
　　渡す）はい
A　（コップを取り上げ脇に置き、ケガをしている脚を持ち上げ、経過を看
　　て）で
B　（鞄の中からラブレターを出し、広げて見せ）それしかいうことな
　　いの

　　　　　　　　　　　　　　　　　　　　　　　　　　　（続く）

　抽象的なものを具体的にしていき、最初から最後まですべての
瞬間瞬間をクリアにしていきます。台詞で説明できることは限ら
れているので小道具、音楽、衣装など使えるものはすべて使い、
見ている人にストーリーが分かるようにしていきます。同時にブ
ロッキングや段取り（P280参照）も決めます。

例）設定とキャラクター
・閉店間際のバーの客とホステス
・離婚の危機にある夫婦
・勝ち負けを競うギャンブル好きの夫婦
・おもちゃ屋で万引きをする客と店員
・誕生日をサプライズでお祝いする親友
　など無数にあると思います。

　キャラクターと設定がどちらが先かは、やってみないと分かりません。
　例の『病院』では、まず医者に告白しに行く患者、という設定とキャラクターでスタートしてみます。大体の場合は進めていくうちにどのようにしたらクリアにできるかを見つけられず、壁にぶち当たります。まずは諦めずに二人で考えて何とか乗り越えます。この考える作業は俳優にとってとても大事なことです。もしどうしても上手くいかない場合は、設定やキャラクターを見直します。産みの苦しみを味わうことで、考える力、想像力、選択能力がつきます。

　シーンを行うと分かりますが、具体的な選択がないまま台詞を言うと、見ている人にも意味が伝わりませんし、何より演じている本人が気持ち悪く感じます。
　すべての瞬間がクリアになったら、練習してクラスで発表します。
　この練習で学んだことは、普段演じるときに台詞の情報に頼りすぎて、具体的にする作業を怠りやすくなるということです。俳

優は台詞に頼りすぎて、楽をする傾向があるので気を付けて下さい。

Nail down ／釘打ち作業

やることを全てやってシーンが成立したとき、英語では "You nailed it.（釘打ちした）" と言われます。

演じる際は、決められた釘を一本一本打っていくようにアクションを遂行していきます。段取りはすべて決まっていますが、自分の中に起きている真実、衝動を使い、瞬間瞬間を打っていくことが重要です。そして最後は言うまでもなくListen & Answer に戻ります。

本番において演出通りに演じていくことが釘打ち作業です。毎日、同じ位置にある釘を同じように打ちますが、全く同じ釘打ちになることはありません。俳優は芝居で "何が" 起こるか知っていますが、"どのように" 起こるかは分からないのです。

演奏でいうと、譜面に書かれている音符を一つひとつしっかりと奏でていく感じです。

また日本語で練習を重ねた後に英語で挑戦してみるのも良いと思います。言語の違いによる、表現の感覚の違いを感じられるでしょう。

Choice ／選択

ベストなものを選ぶ

"Try ／試す" ということは良い芝居、演技を作るためには絶対に通らなければならない道なのです。稽古とは何がベストの選択かを探っていく作業なので、間違えることを恐れずに、トライし続けて下さい。

"Do and Find out（トライ＆エラー）" です。

間違いを犯した事の無い人というのは、何も新しいことをしていない人のことだ　　　　　　　　　　——**アインシュタイン**

究極の選択をする

前述していると思いますが、とても重要なので違う例を出して説明したいと思います。

究極の選択をするには、ステークをもうこれ以上に上げられない状況まで持っていくことです。

例）『借金』

幸雄が消費者金融から借りた100万円の金利が膨れ上がり、合計200万円になってしまい、今日中に半分の100万円を返済しないと家を取られてしまうので妹の幸子にお金を貸してほしいと頼む、という設定。

幸子がリビングルームで雑誌を読んでいると幸雄が入ってくる。

幸雄　頼む。

幸子　何よ、いきなり。

幸雄　お金が必要なんだ。

幸子　貸すお金なんてないわよ。

幸雄　必ず返す。

幸子　今までいくら貸しているか分かってるの？

幸雄　今日中に返さないと家が取られるんだ。

幸子　そんなこと言われても。

（続く）

　幸雄のシーンでの目的は一目瞭然で"幸子からお金を借りる"です。お金を返せないと家を取られてしまう、とあります。これをいかに個人化し、ステークを上げて、自分に影響するものにできるかが、演じる上で重要です。

　自分に影響を及ぼす方法
　◇"家が取られる"ということはどういうことかを自分自身に問います。家を持っていて、設定をそのまま使える人はそのまま使えば良いのですが、持ち家がない人は、家の置き換えを恋人、配偶者、子供、両親、ペット、物などから探ってみます。
　◇これらの中から一番自分が失いたくない存在の人または物を選びます。
　◇ステークをさらに上げるために想像を使い、今日中にお金が必要な設定を考えます。
　例えばその人は病気で今日中に手術しないと亡くなってしま

う、という設定をプラスします。

◇さらにステークを上げるために使うのが"緊急性"です。

例えば、たった今病院から、一時間以内にお金を病院に持って行かないと手術をしてくれない、と連絡があり「あなたにとって大切な人の命は保証できない」と告げられた。5分以内に友人からお金を貸してもらい、タクシーに乗り病院に行かなければならないという緊急性を付けます。

もうこれ以上ステークを上げられない状況が、究極の選択になります。袋小路に追い込まれ、逃げ場がなくなるといった感じですので、どんどん自分を追い詰めていきましょう。見ている人は、あなたが本当に苦しむ姿を見たいのです。それで俳優はお金をもらうのです。だからギャラが高いのです。

映像での選択

TV・映画は、いくつかの選択を用意して撮影現場に行くことが大切です。現場で監督に自分の選択した演技が違うと言われた場合、用意した別の選択を実行してみます。また自分のした選択が違うと思えば、短時間で変えてみたり、調節することができます。映像の現場では、監督の指示に対しての調整力、対応力が大事です。

Choice／選択

『ハムレット』シーン練習方法

『ハムレット』第三幕 第一場を演じるには

　これまで述べてきたテクニックを総動員させて『ハムレット』第三幕 第一場のハムレットとオフィーリアのシーンを演じてみるとします。そのために必要なワークを例を挙げて書き出してみました。例はあくまでも僕の例なので参考としてご覧下さい。

・パラレル
・パラフレーズ
　現代の日本語とはかけ離れているので、自分の言葉にしてみる
・目的
　ハムレット　→オフィーリアを追い払う
　オフィーリア　→ハムレットの真意を見つけ出す
・障害
　ハムレット　→オフィーリアを愛している
　オフィーリア　→スパイをしている罪悪感
・一行一行の台詞のアクション選択
　すべての台詞に付ける必要はないと言っている本もあれば、一つの考え、一つの文につき、一つのアクションを付けた方が良いと提唱している演技本もあります。臨機応変に対応していくことが大事です。
・個人的な意味を付ける
　例：○○　→の後にくるのは、自分の意味、置き換え
　殿下　→親愛なる人（相手役をそう思えば、そのままで良い）

頂戴した品々　→ 自分の大切な人からもらった大事なもの

・即興

初めての出会い

初デート

オフィーリアがプレゼントを渡したとき

・動物

ハムレット　→ ライオン

オフィーリア　→ キリン

・絵

ハムレット　→ ピカソ『The Actor』

オフィーリア　→ ピカソ『Woman in White』

・センソリーの要素

ハムレット　→ 寒さ、酔い

オフィーリア　→ 寒さ、胃痛

・場所

墓場

学校の校庭

・衣装

ハムレット　→ 着物、世界一かっこいいスーツ

オフィーリア　→ 着物、全身真っ白なドレス

・小道具

ハムレット　→ 刀

オフィーリア　→ 香水

・as if

ハムレット　→ as if オフィーリアが鬼の角を生やしている

オフィーリア　→ as if ハムレットが自分の一番好きな香水を

つけている

・伝記を書く

・登場前の状況設定を決める

　　直前

　　1分前

　　5分前

　　30分前

　　1時間前

　　24時間前

・ステークを上げる

・緊急性を付ける

・時代背景リサーチ

『ハムレット』第三幕 第一場

　以下は実際の僕の例です。役名の下の表記の順番と記号の説明
は、下記の通りです。

　・英語台詞（日本語訳）

　・to アクション動詞

　　　→ は置き換え・意味付け

　　　＊ はパラレル・パラフレーズ

　Ophelia　　Good my lord, How does your honor for this many a
　　day？（殿下。このごろはご機嫌いかがでいらっしゃいますか？）
　　to あいさつをする
　　殿下　→ 親愛なる人（相手役をそう思えば、そのままで良い）

Hamlet　I humbly thank you, well, well, well. （ありがとう、元気だ
　　よ元気、元気。）
　　to 感謝する

Ophelia　My lord, I have remembrances of yours
　　That I have longed long to re-deliver.（殿下、頂戴した品々、いつ
　　かお返ししなければと思っておりました。）
　　to 打ち明ける
　　頂戴した品々　→ 自分の大切な人からもらった大事なもの

　　I pray you, now receive them. （どうかお納めください。）
　　to 懇願する

Hamlet　No, not I, （いや、駄目だ。）
　　to 拒絶する

　　I never gave you aught. （何もやった憶えはない。）
　　to とぼける

Ophelia　My honored lord, you know right well you did,（殿下、よ
　　く憶えておいでのはず。）
　　to 思い出させる

　　And with them words of so sweet breath composed
　　As made the things more rich. （優しいお言葉も添えてくださっ

て頂いた品が一層有難く思えましたのに。)

to 感謝する

優しいお言葉　→ 大事な人に言われた言葉

頂いた品　→ 大事な人からもらった品

Their perfume lost,（その香りも失せました。)

to 失望する

香り　→ 好きな香り

Take these again,（お返しいたします。)

to 告白する

for to the noble mind

Rich gifts wax poor when givers prove unkind.（品位を尊ぶ者にとってはどんな高価な贈物も、贈り手の真心がなくなればみすぼらしくなってしまいます。)

to 説教する

品位を尊ぶ者　→ 自分が品位を持っていると思う人、愛する人

高価な贈り物　→ 自分が高価だと思うもの

贈り手　→ 大事な人、愛する人

There, my lord.（さあ、どうぞ。)

to 決意する

Hamlet　Ha, ha! Are you honest？（ははあ！　お前は貞淑か？)

to 攻撃する

Ophelia My lord？（え？）
to 聞き返す

Hamlet Are you fair？（お前はきれいか？）
to 脅かす

Ophelia What means your lordship？（なぜそんなことを？）
to 挑戦する

Hamlet That if you be honest and fair, your honesty should admit no discourse to your beauty.（お前が貞淑で美しいなら、貞淑と美しさは親しくつき合わせないほうがいい。）
to 警告する
お前 → 今まで最低だと思った女性

Ophelia Could beauty, my lord, have better commerce than with honesty？（美しさと貞淑ほど似つかわしい一対があるでしょうか？）
to 訴える

Hamlet Ay, truly; for the power of beauty will sooner transform honesty from what it is to a bawd than the force of honesty can translate beauty into his likeness.（いや、実際、貞淑が美しさをおのれの似姿に変えるより早く、美しさは貞淑を女衒に変えてし

『ハムレット』シーン練習方法　　　199

まう。）

to 呪いをかける

女衒　→ 自分が醜いと思う女性像、具体的な女性

This was sometime a paradox,（かつてこれは逆説だったが、）

to 自慢する

but now the time gives it proof.（このご時世、今は立派な実例が
ある。）

to 断定する

立派な実例　→ 自分の腹立たしい現実での例

I did love you once.（心からお前を愛したこともある。）

to 試す

お前　→ 現在自分が愛している人

Ophelia　Indeed, my lord, you made me believe so.（本当に、そう
信じさせてくださいました。）

to 褒める

Hamlet　You should not have believed me,（信じたのが間違いだ。）

to 馬鹿にする

for virtue cannot so inoculate our old stock but we shall relish of
it.（美徳を接木しても、もとの台木の罪深い性質はそのまま残
る。）

200　　　　　　　　　Ⅰ 演技術編

＊（パラレル：いくら化粧をしたり、いい服を着て表面を取り繕っても、悪い女の性格の根本はそのまま残る）
to 教える

I loved you not.（お前を愛したことなどない。）
to めったうちにする

Ophelia I was the more deceived.（それなら私は二重にだまされて。）
to ひねくれる

Hamlet Get thee to a nunnery.（尼寺へ行け。）
to 威嚇する

Why wouldst thou be a breeder of sinners?（ああ、罪人を産みたいのか？）
to 攻撃する
尼寺　→ 自分が嫌いな人を押し込みたい場所
罪人　→ 自分が罪人と思う人

I am myself indifferent honest,（俺はこれでも並の節操は持っているつもりだ。）
to 自慢する

but yet I could accuse me of such things that it were better my mother had not borne me:（それでも、いっそ母が産んでくれな

『ハムレット』シーン練習方法　　201

ればよかったと思うほどの罪は、いくらでもあげつらうことができる。）

to 卑下する

母　→ 自分の母、父

罪はいくらでもあげつらえる　→ 今まで自分が犯した罪

I am very proud, revengeful, ambitious,（傲慢で、執念深く、野心家だ。）

＊（パラレル：自分の性格の欠点：意地悪で嫉妬深くゴマすり上手でお調子者だ）

to 断言する

with more offenses at my beck than I have thoughts to put them in, imagination to give them shape, or time to act them in.（いますぐにも罪を犯しかねない。そいつを思いつく頭も、それに形を与える想像力も、それを実行に移す時間も足りないくらいだ。）

to 警告する

What should such fellows as I do crawling between earth and heaven？（俺のような男が天と地のあいだを這いずりまわり、いったい何をしでかす？）

to 威嚇する

天と地　→ 自分が悩んでいる二者選択のこと

We are arrant knaves all;（俺たちはみんな悪党だ。）

to 断言する

悪党　→ 自分が悪いやつだと思う人間たち

believe none of us.（誰ひとり信じるな。）
to 警告する

Go thy ways to a nunnery.（尼寺へ行け、さあ。）
to 命令する

Where's your father？（お前の親父はどこにいる？）
to 白状させる
お前の親父　→ 自分が最低だと思う人間

Ophelia　At home, my lord.（家におります。）
to 力説する
家　→ 自分の秘密の隠れ家

Hamlet　Let the doors be shut upon him,（しっかり閉じ込めてお
け、）
to 命令する

that he may play the fool nowhere but in's own house.（よそへ行
って馬鹿な真似をしないようにな。）
to こきおろす

Farewell.（さようなら。）
to 中傷する

『ハムレット』シーン練習方法　　　203

Ophelia O, help him, you sweet heavens !（ああ、神さま、殿下を
お救いください。）

to 懇願する

神さま　→ 自分の信じている神　自分よりパワーがある人

Hamlet If thou dost marry, I'll give thee this plague for thy
dowry:（もし結婚するなら、持参金代りに呪いの言葉をくれてや
る。）

to 罵倒する

持参金　→ 結婚指輪

呪いの言葉　→ 自分の嫌いな人に浴びせたい言葉

be thou as chaste as ice, as pure as snow, thou shalt not escape
calumny.（たとえお前が氷のように清浄で、雪のように純潔でも、
世間の中傷は免れない。）

to 主張する

Get thee to a nunnery. Go,（尼寺へ行け、）

to 忠告する

farewell.（さようなら。）

to 脅す

Or if thou wilt needs marry, marry a fool,（どうしても結婚しなく
てはならないなら、馬鹿と結婚しろ。）

to 提案する

馬鹿　→ 自分が馬鹿と思う人間

for wise men know well enough what monsters you make of them.（賢い男なら、間男されて額に角を生やすのがおちだと分かっているからな。）

to 突き放す

賢い男　→ 自分が賢いと思う人間

To a nunnery, go, and quickly too.（行け、尼寺へ──さっさと行くんだ。）

to せかす

Farewell.（さようなら。）

to 追い出す

Ophelia　O heavenly powers, restore him !（神さま、正気に戻してさしあげて。）

to 懇願する

Hamlet　I have heard of your paintings too, well enough.（ちゃんと知ってるぞ、お前たち女の化粧のこともな。）

to 侮辱する

お前たち女の化粧　→ 自分の嫌いな化粧の厚い女性

God hath given you one face, and you make yourselves another.

（神からさずかった顔を別物に作り変えるんだ。）
to 軽蔑する
神からさずかった顔　→ 自分が神聖だと思うもの・汚して
ほしくないもの

You jig, you amble, and you lisp;（しゃなりしゃなりとしなを作っ
て歩く、舌ったらずな甘ったれた口をきく、）
to 誹謗する

you nickname God's creatures（神のお作りになったものに妙な
あだ名をつける。）
to からかう
妙なあだ名　→ 自分が変だと思うあだ名、流行語

and make your wantonness your ignorance.（ふしだらをしでかし
ておいて、知らなかったわと涼しい顔。）
to 説教をする

Go to, I'll no more on't;（ええい、もううんざりだ。）
to 嘆く

it hath made me mad.（おかげで気が狂った。）
to 罵声を浴びせる

I say we will have no more marriage.（もう誰も結婚などするな。）
to 命令する

結婚　→ 自分が世間の価値観と大きな違いを感じるもの

Those that are married already（すでに結婚している者は仕方が
ない。）
to 大目に見る
結婚している者　→ 自分の話が通じない人たち

-all but one- shall live.（ひと組を残して生かしておいてやる。）
to 許す
ひと組　→ 自分がもっとも醜いと思うカップル

The rest shall keep as they are.（ほかの者は今のまま独り身でい
ろ。）
to 蹴散らす

To a nunnery, go. Exit.（尼寺へ行ってしまえ。〈退場〉）
to とどめをさす

　　　　（シェイクスピア 作、松岡和子 訳『ハムレット』筑摩書房、1996年）

　ちなみにシェイクスピアは、『ハムレット』の中で演技につい
て書いています。

　わかったな。今のせりふは教えたとおり、ごく自然の調子で、
さりげなく言うこと。お前たちの仲間がよくやるように、大口あ
けてわめきちらされるくらいなら、むしろ町のひろめ屋に頼むか
らな。もう一つ、こんなふうに、まるで泳ぐように手で空をかき

まわさぬこと。つねに穏やかにやってもらいたい。感情が激してきて、いわば嵐の真只中に立ったときこそ、かえって抑制を旨とし、演技に自然なすなおさを与えることが肝要だ。(中略)

　要するに、せりふにうごきを合わせ、うごきに即してせりふを言う、ただそれだけのことだが、そのさい心すべきは、自然の節度を越えぬということ。何事につけ、誇張は劇の本質に反するからな。もともと、いや、今日でも変りはないが、劇というものは、いわば、自然に向って鏡をかかげ、善は善なるままに、悪は悪なるままに、その真の姿を抉りだし、時代の様相を浮びあがらせる……

　　　　　（シェイクスピア 作、福田恆存 訳『ハムレット』新潮社、1967年）

　400年以上前に書かれていますが、今読んでも全く同じだと思います。シェイクスピアのすごさを感じます。

オーディション

オーディション

　アメリカでのキャスティングはオーディションがベースになっているので、俳優を続けていく上で絶対に避けて通れない道です。ＮＹには同じタイプの俳優が何百何千といるので、常にオーディションで競い合います。一度売れたり映画の主演などをしたりしても自動的には仕事が入ってこないので、常にトレーニングを続け、勉強をしていないと競争についていけないのです。だからアメリカは俳優の層がとても厚いのです。

　オーディションを楽しく感じるという人もいると思いますが、苦痛に感じる人も多いと思います。競争、そして合格・不合格がつきまとい、落ちた場合は拒絶^{リジェクション}と向き合わなければなりません。

オーディションで大事なこと

　自分の邪魔になるマイナスな考えを取り払い、自分の頭の中の敵を殺すことです。

　「この役では太りすぎている」「これは自分の役じゃない」「この役はどうせ事務所の力が絡んでいる」などといった考えです。

　例えば自分は少し太り気味で、役のほうはガンで余命数ヶ月で痩せていると脚本に書いてあるとします。

　「あぁ俺は太り過ぎているから、どうせ痩せ細った人が受かるだろ」「なんで俺なの？」「受かるはずないじゃん」と、敵が頭の中に現れます。

　まず自分が信じなければ誰も信じてくれません。そこで実はこ

の役は100キロあって太っていたとします。半年前にガンを発病し、ここ半年で30キロ痩せた、しかしそれでもまだ少し太り気味という解釈を入れます。

そうするとこの役は自分でも演じられると思い始めるのではないでしょうか。「これは自分のものだ！」と思うと役作りに火がつきます。役を愛し始めるのです。

落ちたら落ちたまでのことです。それよりも準備するプロセスを楽しんでいきましょう。

ロベルタが言っていることで、すでに役は自分のもので、オーディションは初日の稽古として臨むということです。そうすれば"落ちる、落ちない"という心配するエネルギーを芝居作りの方に投入できます。落ちても5分、10分という時間を人前で演技ができて、勉強できる機会と捉え利用するのです。

落ちる要因は数限りなくあります。自分は下手だから落ちたという自己否定は避けましょう。作品を後で観るとその役自体がなくなっていたり、白人の女性が演じていたり、自分とはまったく違うタイプの俳優が演じていることが多々ありました。「あぁ自分の芝居が駄目」「演技が下手だから」と嘆くことがあっても仕方ないですが、必要以上に自分をいじめないで下さい。俳優は落ち込みと努力の繰り返しで成長していきます。

自信満々を演じる

自信を持つことは、オーディション合格の鍵になってきます。会場に着き部屋に入り、出るまでが勝負の時間です。演じるときだけではなく、部屋に入った瞬間から自信満々の態度で振る舞う

ことが大切です。as if 自分は世界一魅力的な俳優だ、as if 自分は
オスカー俳優だ、なども使ってみて下さい。

映像

　大事なのはAdjust／調節することができる力です。監督の演出
に素早く対応できるかどうかが鍵になります。
　ＮＹでは大体の場合、一回自分の準備してきたように演じ、そ
の後違う選択で演じるように指示されます。そして短時間で準備
をして再度演じることが多いです。このわずかな間に、指示され
たように演じられるかが重要です。
　映像では、芝居を稽古で積み上げていく過程がないので、指示
されたらすぐに対応できる柔軟性がとても大事で、オーディショ
ンではそこを見られていることが多々あります。

考え方を変える

　オーディションを受けさせてもらっているという感じではなく、
良い意味でオーディションに来てあげているんだ、という気持ち
で臨むことも必要です。実はオーディションは、俳優なしではで
きないのです。ですから少しぐらい図々しい気持ちになって良い
のです。
　ドライバーズシートに座り、自分がコントロールするという意
識を持ちます。指示を受けたらわずかな間ではありますが、自分
のペースで深呼吸、感情準備、キャラクターに入る時間を取りま
しょう。監督やプロデューサーにとっては少しの時間ですが、俳
優にとっては、たとえ5秒でもかけがえのない貴重な時間なので
す。

オーディション　　　　211

準備は怠らない

　台本、サイズをもらったらできる限りの準備をすることが重要です。あいまいに準備するとクリシェの演技になります。100%準備すれば、もし落ちたとしても勉強になり、得るものも多いでしょう。

　オーディションで楽しむことが重要で、そのためには事前の準備が大切です。楽しいと感じるようになったら、自然と合格し始めるのではないでしょうか。

　オーディションに行く前のチェックリストを作るのも良いと思います。

例）TV・映画　オーディション　準備チェックリスト

（　　）サイズを隅から隅まで読み、分析する

（　　）役の目的は何なのか？

（　　）どんなキャラクターなのか？

（　　）どのようにシーンを始めるか？

（　　）小道具は、何が使えるか？

（　　）どうしたら読む相手を使えるか？

（　　）演技コーチ、信頼できる人の意見、アドバイスを聞く

（　　）カメラの前で人と練習する

（　　）会場での待ち時間、シーンが始まる前のリラクゼーション方法を考える

　これ以外にもあると思うので、付け加えて自分のリストを考えてみて下さい。そうすることによって、オーディションに行く前のルーティンが作られて、漠然と準備しないようになります。

一番重要なのは、サイズを読み込み分析することです。このときに、自分の役のことばかりに意識がいくと、他に大事な情報を見落とすので注意して下さい。

次に重要なのは、どのようにシーンを始めるか、そして目的です。ファーストモーメントをどのように始めるかいろいろなパターンを考えて下さい。

その他、オーディションに関しては別に一冊の本が書けるぐらい大事なことがあるので、いつか詳細に書きたいと思っています。乞うご期待。

オーディション経験談
・ビッグなオーディション　Ⅰ
最初の大きなオーディションは、全米ネットTV局のABC『Soul Man』という、ダン・エイクロイド主演のシットコム（シチュエーションコメディ）でした。「これに合格すればアメリカでメジャーTVに出られるチャンスだ！」「有名になるきっかけになる」「憧れのダン・エイクロイドと共演できる」などと想像し、興奮して自分にプレッシャーをかけてしまいました。

想定内でしたが、緊張して納得する演技ができませんでした。終わった後、必ずマネージャーに報告しなければいけないので、電話で「緊張した」と伝えたら「それはどうにかしないと駄目ね」と言われてしまいました。しばらく落ち込んでいると、ポケットベルが鳴り、見ると911とあり、マネージャーからでした。すぐに電話すると、なんと合格していたのです。

このときから、自分でやったオーディションを詮索しないことに決めました。相撲の稽古のように一番取ってはまた一番、終わ

れば次に進むことの大事さを学びました。

　ちなみに911とは、日本でいったら119なので、緊急のときに使います。

・ビッグなオーディション Ⅱ

　アル・パチーノ、ラッセル・クロウが主演の映画『インサイダー』のオーディションに行ったときのことです。エージェントから電話があり、FAXでサイズが送られてきました。キャラクターは、前半に出てくる東洋人のTVカメラマンでした。役の詳細にはブルックリン訛り（ジョー・ペシなどのような鼻にかかったしゃべり方）を話す東洋人とありました。読んですぐに「まさか無理だろう」「普段話す英語が日本語訛りがあるのにブルックリン訛りなんて無理だ」と思いました。しかし、もし受かれば憧れのアル・パチーノと共演できる可能性があると思い、藁にもすがる思いでスピーチコーチに指導してもらいました。台詞自体は4、5行なので必死に練習し準備をしました。

　当日部屋に入ると、キャスティングディレクターが「じゃあ即興から始めて台詞に入って下さい」と言うではないですか!?　僕が訛りで話せるのは台詞だけです。一瞬頭の中が真っ白になり、適当なブルックリン訛りを作り、しどろもどろで即興をして、台詞を言って何とか終わりました。

　不合格だったことは書くまでもないと思います。

・ハリウッド映画『お買いもの中毒な私！』

　『ベスト・フレンズ・ウェディング』『ピーター・パン』などを監督しているP. J. ホーガン監督が来て、二次オーディションが行

われたときのことです。一回目は自分で考えてきた通りに演じ、二回目はもっと自分が見ている対象に〝Tantalize〟と言われました。「オーマイガッド!?　何て意味だ？」その言葉を知らなかったのです。分からないと演技ができませんので、どうしようかと悩んだ末にキャスティングディレクターに聞きました。

その後「こんな英語も分からないやつは取らないだろう」「英語の勉強不足だ」「なんて馬鹿なんだ」など頭に出てきて、演技に集中できませんでした。

今でもこの言葉、〝Tantalize ／興味をそそる〟を聞くと、このオーディションを思い出します。

不合格だったことは書くまでもないと思います。

・ミュージカルのオーディション

僕の夢の一つでブロードウェイの舞台に立つというものがありました。現実は、ブロードウェイの舞台で東洋人を求めている舞台は極端に少なく、ましてや日本語訛りがある俳優でもOKという役はほぼゼロに近かったのです。

東洋人でもネイティブと訛りがOKの二つのカテゴリーに分けられます。映像は訛りがある俳優に対して寛容なところがありますが、舞台は訛りがある俳優を極端に嫌います。訛りがある役でも訛りのある俳優に演じてもらうのではなく、ネイティブな俳優に訛りをつけて演じてもらうことが多いのです。そうすることによって訛りを調節でき、訛っていても100％観客に台詞を理解してもらうことができるのです。

そんな状況でブロードウェイの舞台に立とうとすることは、困難を極めました。当時、友人で舞台俳優組合（AEA）にも所属す

る舞台監督・田中史子さんが「ミュージカルならチャンスがあるんじゃないの?」「ダンスが踊れなくても、歌さえ歌えればチャンスがたくさんあるよ」と言ってくれました。

　実際『王様と私』『ミス・サイゴン』などのミュージカルは、地方公演を含め募集が多かったのです。手前味噌ですが昔から声は褒められることが多かったので、頑張ればチャンスがあるのではないかと思い、個人レッスンに通い始めました。

　半年ほど猛烈に練習してオーディションに行き始めました。しかし何回も何回もオーディションに行くのですが落ち続け、宮本亜門氏演出の『太平洋序曲』も落ちました。

　そんな中、とあるオーディション会場の待合室で、部屋から聞こえてくる歌声が耳に入ってきました。「なんて上手なんだろう」「僕とは比べものにならない」そしてこのような人が競争相手なんだから受かるはずはないと思いました。

　考えてみればミュージカルを目指している人は、歌の練習に膨大な時間をかけ、それ専門にやっている人ばかりなのです。僕がリアリズム演技を追求するように、彼らはミュージカルを極めようとしているのです。そのような人たちと真剣に競争するなら、今の何倍も歌の練習をしないと同じ土俵には立てないと思いました。僕なりに努力はしていましたが、その道を極めるのには、リアリズム演技を追求する時間を削り、歌に捧げないといけません。結局、それはできないと思い、ミュージカル経由でブロードウェイに出ることは諦めました。一つでも極めるのは難しいのに、もう一つなど無理な挑戦だったのです。

　急がば回れです。自分の道を極めているとチャンスが来るので

す。その後ブルックリンにある演劇の殿堂BAMハーヴェイ劇場で、『Still Life with Commentator』という作品でブロードウェイの舞台に立つことができました。

　余談ですが、ブロードウェイ、オフ・ブロードウェイ、オフ・オフ・ブロードウェイの違いは、観客数で分けられています。99人までがオフ・オフ、100人から499人がオフ、それ以上がブロードウェイと呼ばれています。タイムズスクエア周辺の舞台だけがブロードウェイではなく、少し離れているところでやっていても、500人以上の劇場での公演はブロードウェイなのです。

『Still Life with Commentator』

脚本分析

テーマや目的を導き出す方法

　俳優として脚本を読み込み、分析し、前述したテクニックを使って役作りや芝居作りをします。ですが、せっかく学んできたテクニックも脚本の読み込みができていないと有効的に使えません。ですので、以前勉強会で学んだ脚本分析の方法を簡単に紹介してみます。

　　①テーマを導き出す
　　②登場人物の大目的を導き出す
　　③シーンでの目的を導き出す
　　④シーンをビートに分ける
　　⑤ビートごとの目的を導き出す
　　⑥台詞のアクション動詞を決める

　①から⑥は、すべて繋がっていて、関連性を持っています。
　演出家の仕事は、作者の意図を読み取り、演出プランを作り上げることです。
　俳優の仕事は、自分で導き出したものを演じられるように、各選択をしていくことです。演出家に任せるのではなく、俳優も①から⑥まで自分で考えられると良いと思います。しかし、①から⑥まで、俳優一人で導き出すのは難しいと思うので、演出家と話し合い、トライ&エラーを繰り返しながら答えを出していって下さい。

①テーマを導き出す

　論理的思考にもとづいて書かれている戯曲には、テーマがある、明確なものが多いです。

　演出家はテーマを見つけ出し、分析をして演出プランを練ります。俳優として、自分でテーマを導き出せる力を持つことはとても大事で、分析した答えをもとに演じられるような選択をしていくことが一番重要です。

　まずはどんな人間、物事なのかや、どのような社会的、倫理的、精神的問題や疑問を扱っているのか、作者の意図は何なのかを考えます。そしてテーマを的確に表現する一文を作ってみます。僕はまずテーマだと思うことを箇条書きにして、それを一文にまとめる方法で導き出します。

『ガラスの動物園』 テネシー・ウィリアムズ作
　テーマを導き出すための箇条書き
　・傷ついた自分を愛せない人物が泥沼から抜け出そうとする物語
　・現実を受け入れられず、心の開いた穴を必死に埋めようとする人物の物語
　・傷つきやすい人間が触れ合い、心が壊れないように生きていく大変さ
　・このような人間でどうやって自分を愛し幸せになることができるのか?
　・自己実現、幻想、孤独、幸せ、心の傷

・傷ついている人たちが愛されようと必死になる物語
・人間の心はガラス細工のように傷つきやすく壊れやすい

　これらを繋ぎ合わせて、テーマとなる一文を下記のように導き出しました。

"幻想に生きて現実と向き合えず、ガラス細工のように傷つき壊れやすい心を持つ人々が、幸せを感じようとするが、泥沼から抜け出せず必死にもがき苦しむ物語"

②登場人物の大目的を導き出す
　英語では"スーパーオブジェクティブ"と言われていて、日本語では大目的、大目標と訳されます。役の人生においての目的、目標、生き様のことで、役が生きるうえで何を求めているのか？　どうしたいのか？　人生の目標は何か？　などです。

例）『ガラスの動物園』　トム
　"現在の状況から抜け出し冒険をしたい"

③シーンでの目的を導き出す
　シーンごとに役の目的があるので、見つけ出します。

④シーンをビートに分ける
　日本語では"小さい塊"と訳されます。Bitなので、ビットと発音されるはずなのですが、初めてアメリカにリアリズム演技を伝えたロシア人が、Bit（ビット）をビートと発音し、それを聞いた

アメリカ人が、ビートと言い始めたと言われています。

　ビートチェンジを見つけるポイント
・台詞の思考が変わるところ（思考＝表面上のもの＆深層心理の
　両方）
・役が行動を起こすところ、それまでとは違う行動を始めると
　ころ、ト書き
・時間や場所が変わるところ
・一人の人物の台詞中でもビートが変わることもある
・一連のト書きでもビートは変わる

⑤ビートごとの目的を導き出す
　ビート分けをしたら、その中の目的を見つけ出します。

⑥台詞のアクション動詞を決める
　P313を参照して下さい。
　ビートチェンジをしっかり行い、アクションを確実に遂行する
ことが、日本でよく言われる"メリハリ"がある芝居になるとい
うことです。ナビに頼るのではなく自分でルートを決めて目的地
にたどり着いて下さい。

　なお、映像の場合も基本的に同じですが、短いシーンではビー
トチェンジがない場合もあります。

本読み

本読みで大事なこと

　舞台、映像の初期段階の稽古ではたいてい本読みがあります。舞台、映像ともにある程度イメージを作って読む人が多いのではないでしょうか。全くイメージを作らずに読む人もいると思いますが、初めから強いイメージをつけて読むとそのイメージが取れず、役作りに支障をきたすことがあるので注意しましょう。とはいっても棒読みでは本読みは成立しません。もちろん書かれているイメージ通りに読むのですが、それがゴールではなく、いつでも最初のイメージを壊せて、新しいものが入ってくる状態を作ることが大事です。

クラスでの本読み

　僕のシーンスタディクラスではまず台本を持ったままで「普通に読んで」と伝えます。「普通って何ですか？」と聞かれることがありますが、その意味は感じるままに読み、プッシュ（無理した演技）をしないということです。

　その後「自分の言っていることを伝えるように"相手の目"を見て読んで」と伝えます。聴いている方も台本だけに目を落とさずに、できる限り相手の台詞を聴きます。もし相手の言っていることが聴き取れないときは「何て言ったの？」と聞き、台詞を繰り返します。そのことによって、相手ともっと繋がれるようになります。台詞を正確に言うことは大事ですが、「演技とはリアクション」と言われているように、実はリアクションの方が重要な

222　　　　　Ⅰ 演技術編

のです。

　次に「もし衝動が起きれば使って下さい」と伝えます。真面目なシーンでも笑いたくなる衝動が起きれば、それを使い台詞を言って下さい。もし相手が台詞を噛んで笑ってしまうのであれば、その衝動を許してあげます。本読みの段階からいろいろ見つけていきましょう。

事前の準備

　当たり前過ぎて書くのを躊躇しますが、まれにこのような方がいるので書かせてもらいます。それは本読みのときに読めない漢字があり、人に聞いたり、読み間違えをする人です。初見の場合は仕方がありません。しかし事前に台本をもらっているのに、宿題をしてこない人は怠惰としか言いようがありません。僕は英語がネイティブではないので、台本をもらったら分からない言葉はすべて調べ、発音もすべて確認し、練習をして稽古に臨んでいました。アメリカ人と同じスタートラインに立つまでに、このような裏のワークを常にしなくてはならなかったのです。

本読みの時期、期間

　日本で公演する舞台『初恋』（土田英生・作）を演出したときのことです。

　当時僕はＮＹ在住でしたが、日本にいるキャストと国際電話を結び、稽古開始の半年ぐらい前に、第一回目の読み合わせをしたことがあります。

　そうすることによって、稽古初日までに俳優や演出家がアンテナを張って生活できます。役作りに必要な情報をゲットできたり、

思ってもみない偶然、シンクロニシティが起きたりして、芝居がリッチになりました。本読みの時期の既成概念を捨てることも大事だと思います。

　以前、アクターズ・スタジオにモスクワ芸術座のメンバーが来て、レクチャーと質疑応答がありました。そのとき「本読みはどれくらいの期間行うのですか？」という質問に彼らは「テーブルリーディングを半年ぐらいやります」と答え、皆驚愕(きょうがく)していました。ちなみにテーブルリーディングとは、演出家、俳優、他スタッフがテーブルを囲んで座り、台本を読み、ディスカッションをすることです。ただ本読みをするだけでなく登場人物、時代背景、歴史、テーマなど、芝居に関係するありとあらゆる事項を話し合い、情報を共有します。

本読みでの飛び込み

　初めから強いイメージをつけて読むことは避けた方が良いと思いますが、思い切りも大事です。『グッドナイト＆グッドラック』でアカデミー賞主演男優賞にノミネートされた、名優デヴィッド・ストラザーンが『サロメ』アクターズ・スタジオワークショップ本読み公演の稽古に初めて来たときのことです。台本を持ちながらの初めての稽古とは思えないほどすばらしく、度肝を抜かれるすごい演技でした。何がすごいのかというと全く迷いがないのです。台本を初めて読むときは、当たり障りのない演技になることが多いと思います。しかし完全に役に入り込み、まるで岸壁から飛び降り、荒波を浮き輪なしで泳ぐかのような、命懸けの演技をしていました。

　それを目の当たりにした僕は常に自分を信じ、恐れず、100％

コミットして、中途半端なことを絶対にしてはいけないと改めて
思いました。

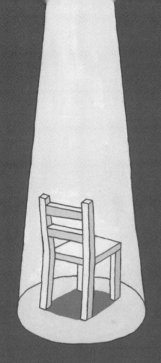

II
経験編

Realism Acting
To live in truth in the imagination:
What I learned in New York

アメリカ

NY

　ＮＹは俳優にとってすばらしいところがたくさんあります。言うまでもなくブロードウェイ、オフ、オフ・オフの芝居がすぐそばで上演されていて、一流の演劇に簡単に触れることができます。俳優のトレーニングする場所が多くあることもすばらしいことの一つです。

　アメリカの俳優はＮＹでトレーニングを積み、それからＬＡに行くというケースがよくあります。それだけＮＹでのトレーニングは質とレベルが高く、映像の世界に入る前にみっちりとＮＹで演技の基礎を学ぶのです。

　ＮＹではどんな人でも努力さえすれば、必ず演技を習得することができて、俳優になれると感じました。そこにはアメリカンドリームというものが根底にあるからだと思います。一生懸命にやれば必ず報われる土壌がありました。

　ＮＹは港区と同じぐらいの大きさで、その中に美術館、オペラ劇場、ギャラリー、音楽ホールなど、芸術関係の施設が数え切れないほどあります。街を歩けばちょっと変わった人、かなり変わった人、ファンキーな人などのキャラクターの宝庫です。毎日アーティストとして刺激を受け続けることができます。

　ＮＹでの生活はアメリカ人でも大変で、ましてや人種差別、言葉の壁、文化の違いの中で生きていかなくてはいけない日本人にとっては、毎日が戦闘状態です。逆に言うと、厳しい街だからこそタフになり、刺激を受け強くなっていけるのかもしれません。

他人に冷たい街といわれているＮＹで、人に助けを求めるときは「Help!」ではなく「Fire!」と叫びます。なぜなら自分にも火の粉が降りかかるかもしれないので、助けに来てくれるのです。

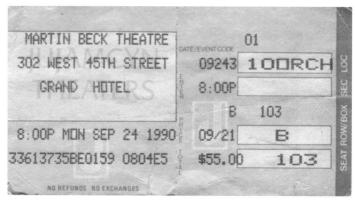

渡米1日目 1990年9月24日（21歳）　記念すべき初めてのブロードウェイ観劇のチケット。ラサール石井氏とマネージャーと観劇しましたが、時差ぼけで寝てしまいました。

アメリカと日本の演技環境

　アメリカは自己主張が当たり前の国で、自分の意見や気持ちをはっきりと表現します。英語という言語自体、直接的な表現が多いので、自然に自分の言いたいことを表現することになります。一方、日本は、直接的に表現しなくても察するということをします。一般論ですが、自分の感情や気持ちなどを正直に表現すると嫌がられるところがあり、黙っていて口に出さないということが美徳とされています。

　感情を抑圧して日常生活を送っていると、演技練習で、自分の気持ちはどうなのかを感じ呼び起こすまでに、訓練が必要になっ

てきます。マイズナーテクニックでは自分の感じていることを意識するので、日本人俳優にはとても必要な練習法だと思います。

アメリカでは上下関係が厳しくないので、芝居作りがしやすい環境にあります。アクターズ・スタジオではアカデミー賞俳優が演じて、若い20代のメンバーが対等な立場でコメントを言います。僕がスタジオでアル・パチーノに挨拶するときは、もちろん「Hi, Al.」です。「Mr. Pacino.」とお辞儀をしたいところですが、周りのアメリカ人は皆「Hi, Al.」と言っていますし、僕だけ「Mr. Pacino.」とは呼べません。日本人の僕はとても違和感を感じますが、これが文化というものなのです。

日本の先輩後輩の関係性は上から下に、そしてまた下にという、すばらしい物事の継承の形だと思います。しかしそれと同時に芝居作りの障害になるときがあると思うのです。「舞台に上がれば皆対等だ」などと言われています。後輩が先輩に物怖じしない環境、お互いにアーティストとして尊敬し合うクリエイティブな稽古場、現場を作りたいものです。

ポジティブから入る

まずは長所を伸ばしていこうという姿勢はアメリカの文化だと思います。必ず何かをした人に対して褒めるのです。トークショーでゲストがくだらないことをしたり、ギャグがすべっても絶対にこけにしないのです。これが日本だと突っ込みをいれると思います。完全に文化の違いです。

一般論ですが演技のクラスでも先生は大体「Great.」「Good job.」などと言って、まずポジティブなコメントを初めにします。そしてその後、具体的にノート（駄目出し）を出していくのです。

できないところをネチネチするのではなく、長所の部分を引き伸ばしてくれる先生がアメリカには多いと思います。

　フィルは始めの頃、英語のつたない僕に対して、英語や発音のことは一切言いませんでした。なので、英語ができないことになんの劣等感も植え付けられませんでした。もし言われていたら演技の勉強どころじゃなかったと思います。

コメディ

笑いの基本・杉兵助師匠

　喜劇は悲劇より難しいと言われています。スラップスティックコメディ（体を張ったドタバタ喜劇）は別として、コメディの基礎はリアルな演技です。

　僕がコント赤信号に弟子入りしてコントを学んでいた頃に教わったコントの基本は、赤信号さんの師匠である杉兵助さんから教わったものでした。それは"行動をきちんとする"ということでした。

　AとBがいて、去ろうするAをBが止めます。Bが止めようとしいい加減にやろうとすると「何が何でも止めろ」「足にしがみついてでも止めろ」と指導されたそうです。

　これが体を使ってフィジカルに止める場合だけではなく、言葉（台詞）を使って相手を止める場合も、"行動する"という演技の基本は変わりません。リアルな演技に見えない場合は大体いい加減に行動しているのです。行動が甘いのです。

　ちなみに、コント赤信号が萩本欽一さんに「君たちの師匠は誰？」と聞かれ、「杉兵助師匠です」と答えたところ「杉先生には一億円の授業料を払っても高くない」と言われたそうです。

　杉兵助師匠は戦後の喜劇の裏面史を生きた名人で、永井荷風が師匠のためにあて書きをしたこともあったそうです。アメリカに行く前に池袋の飲み屋でお会いしたのが最後で、そのときの屈託のない、歯のない笑顔は一生忘れられません。孫弟子であることは僕の誇りです。

コント赤信号

　1987年2月13日、金曜日、仏滅、満月。この日は僕がコント赤信号の弟子になって初めて日本テレビ『鶴太郎のテレもんじゃ』のリーダーのロケ現場に行った日です。それからというもの、現場で毎日、日本のお笑い界のトップに君臨する芸人さんたちやすばらしい俳優さんたち、業界で働く一流のスタッフの皆さまに至るまで、多くのプロフェッショナルの方々の舞台裏の姿を見させてもらいました。また、師匠の常に向上心を持ち、勉強し続ける姿をそばで見させて頂き、プロとは何ぞや、ということを18歳の時から叩き込まれたことは、以後の俳優人生に多大なる影響を与えてくれました。

　笑いの基礎を教えてもらったことは、アメリカでも大変役に立ち、アクターズ・スタジオのワークで幾度も"コミックタイミング（笑いの間）"が良いと言われました。アメリカでオーディションを勝ち取り、多くのコミックキャラクターを演じることができたのも、日本での教えがあったからこそだと思うのです。

　人として、芸人として、俳優として生きていくことを教えて頂いたことは、今でも僕の心の礎となっています。

笑いの落とし穴

　落とし穴はいくつかありますが、一番初めに挙げられるのが"笑わそうとしたら人は笑わない"ということです。そうなったとき、抜け出す道は"行動へ戻る"です。

　『男が死ぬ日』で東洋人を演じていたとき、お客さんが必ず笑っていた場面で、いつの間にか笑いが起きなくなってきました。舞台監督に「どうしてだろう」と相談すると「今はお客さんを笑

わすことがその台詞での行動になっているから、お客さんは笑わないんだよ」と言われました。その台詞のアクション "ばらす" をまた100％したら、お客さんが笑い始めました。行動の "ばらす" がいつの間にか "笑わす" というアクションに変化していたのです。何事も「食べろ！」「掃除しろ！」「勉強しろ！」などと命令されると嫌なものです。人を笑わそうという意識で演じることは、お客さんに "笑え！" と命令しているようなものです。

　ニール・サイモンがインタビューで「面白い俳優をキャスティングするのですか？」との問いに「単に良い俳優をキャスティングする」と答えたそうです。

　ピーター・セラーズ、アダム・サンドラー、ビル・マーレイ、トム・ハンクスなど、多くのすばらしい俳優はコメディアンからスタートしています。あのアル・パチーノも、初めは少しの間ですが、スタンダップコメディをしていました。

テクニック

多種多様なテクニック

　テクニックとは登山ルートのようなものです。頂上がすばらしい演技だとすると、そこまでたどり着くルートが違うだけで目的は同じなのです。アメリカにはメソッド、マイズナー、ウタ・ハーゲン、ステラ・アドラー、マイケル・チェーホフなどたくさんの演技テクニックがあります。

　その中で自分に合ったテクニックを探すのは大事なことです。メソッドは合わないけれど、マイズナーは合うという人もいますし、その逆の人もいます。すべてやる人もいれば一つだけを追求していく人もいて、さまざまです。何でも使えるものは導入して、最終的に自分のテクニックを作り上げるのが目標です。

演技クラス・講師

　ＮＹには演劇学校や演技クラスが数多くあり、各演技のテクニックの先生も何十人といて、選択でき、自分に合った学校や先生を選べます。先生選びは、伴侶を見つけるぐらいとても大事なことだと思います。

　医者、弁護士、教員とは違い、演技指導には免許が必要ではありません。自分で今日から先生と言えば先生なのです。ですから、演技講師選びは慎重にした方が良いと思います。

　いろいろなタイプの先生と勉強することを薦めます。ちょっとくらいでへこたれない男性の俳優には、少しきつめの先生が良かったり、女性の場合は女性の先生の方が安心できたり、というこ

とが考えられます。タイプの違う先生から学ぶことによって、演技論だけではなく人生観も学ぶことができ、柔軟で幅広い価値観を身に付けることができます。心が裸になっても大丈夫というセーフティーネットを張ってくれる先生を見つけて下さい。いつかこれぞという先生（僕にとってはフィルのような）に出会えると思います。

　大勢の俳優の卵が世界中から演技のトレーニングをＮＹへ受けにやってきます。すばらしい俳優になれるかは "It's up to you.（あなた次第）" なのです。

アクターズ・スタジオ

アクターズ・スタジオとは

　まず初めにお断りしておきますが、アクターズ・スタジオは"学校"ではありません。日本ではよく"俳優養成学校""俳優養成所"などと表記されていますが、間違いです。先生もいませんし卒業もありません。簡単にいうとプロの俳優が集まり切磋琢磨しているジムのようなものです。オーディションに合格すると、"a life time member／生涯会員"になります。これは俳優は死ぬまでトレーニングを続けるという意味です。そしてメンバーになるとセッションに参加することが許されます。他にアクターズ・スタジオの劇場、図書館をリハーサル場所として使うことができ、ワークショップなどにも参加できます。ちなみにすべて無料です。

　学校としてはアクターズ・スタジオと提携して、ペース大学の大学院に演劇コースのプログラムがあります（以前はニュースクール大学と提携）。卒業生は、ブラッドリー・クーパーが有名です。日本人では演出家の小川絵梨子さんがいます。日本でも放映されている『Inside the Actors Studio（アクターズ・スタジオ・インタビュー）』は、ペース大学の講堂で公開録画をしていて、僕も何回か観に行ったことがあります。

セッション

　ＮＹのセッションは毎週火曜日、金曜日の11時から2時間ほど行われ、ＬＡのセッションは毎週金曜日だけになります。セッ

ションでワークをしたい人は、スタジオのデスクにセッションブックがあるので、それに予約し準備をします。

・セッションの流れ

　モデレーターという進行をする人がいて、その人がセッションを仕切ります。このモデレーターをリー・ストラスバーグ自身が亡くなるまで務めていました。

　俳優が課題をやり終えると以下のような流れで進みます。課題はおよそ20分までです。

　◇モデレーターが俳優にまず今日の課題を聞きます。

　◇俳優が答えます。

　◇モデレーターが課題の出来具合や感想を聞きます。

　◇俳優が答えます。

　◇モデレーターは質問があれば俳優に聞きます。

　◇見学しているメンバーが批評を出します。

　◇モデレーターが最後にまとめ、自分の感想やアドバイスを俳優に伝えます。

・セッションでの課題

　クラスではないので誰も課題は与えてくれません。ですから自主的に自分でやりたい作品、自分が必要としている練習などの具体的な課題を持って行きます。どのような課題を課すかがセッションでの鍵になります。本番やパフォーマンスではないので誰かのために演じる必要がありません。あくまで自分の成長のためです。

アクターズ・スタジオ　　239

・コメントの出し方

　きちんとルールがあります。それは俳優が持ってきた課題以外に関してはコメントしてはいけない、演出的なことは言ってはいけない、ということです。

　例えば『ハムレット』第三幕 第一場のオフィーリアとのシーンで、ハムレットのキャラクターを作るのに、ライオンの要素を使って役作りしていくことを課題にします。この芝居の要素は、何十とあると思いますが、課題にのみコメントしなくてはいけません。

一つひとつの積み重ね

　一度に100のことはできません。役や芝居を作り上げていくためにはワークしなければいけないことが山ほどあります。分析をし、一つひとつの要素に集中し、探険していくようにワークします。

　いくつもの課題を一度にやろうと欲張ると失敗し、多くの気付き、発見ができませんので気を付けて下さい。例えば、夏の夜の海辺で男女のカップルが酒を飲みながら手を繋いで歩いているというシーンがあるとします。

　この簡単な設定だけでもリアルに作るためには、場所作り、暑さの感覚、砂地を歩く感覚、酔いの感覚、二人の関係性作り、海辺に来る前の状況設定などの要素をワークする必要があります。

　是非自分が取り組んでいるシーンの分析をしてみて下さい。ため息が出るくらい莫大な要素があると思います。

アクターズ・スタジオ・オーディション

　5分以内のシーンに制限されています。オーディションで大事なのは自分の実力も大切ですが、何と言ってもパートナーの実力、経験がとても重要なのです。大体の場合、スタジオの雰囲気にのまれて、緊張して実力を出せずじまいで終わってしまうことが多いのです。

　僕の場合はラッキーで、最終オーディションが近づいた頃「パートナーを探している」とフィルに相談すると、教え子に『ソフィーの選択』に出演しているグレタ・ターケンというすばらしい女優がいるから聞いてみる、と言ってくれたのです。彼女は快諾してくれて、三人でシーンを作り、フィルに見てもらって稽古をしました。こうしてメンバーになれたのもフィルとグレタのおかげです。電話で合格を伝えると、フィルは自分のことのように喜んでくれました。

尊敬する俳優アル・パチーノ

好きになった理由

　僕はアメリカに来た当時（今でも気にしていますが）、猫背に対してかなりコンプレックスを感じていて、猫背では主役を張れないと信じ込んでいました。

　ある日、アル・パチーノ主演の『狼たちの午後』のビデオを借りて自宅で観ていました。よく見ると姿勢があまり良くないではありませんか?!　何度も巻き戻し、彼の姿を見て「うん、姿勢が悪いやぁ。彼がスターになれるなら、自分もなれる!」という単純なところから彼を好きになったのです。

　それから彼の映画をすべて観て、勉強をし始めました。どの演技もすごくすばらしく、特に動物のように衝動に従う部分はズバ抜けています。いつかアル・パチーノと同じ舞台を踏むという夢を抱き、日々演技の勉強に励みました。

　彼はアメリカを代表する映画俳優ですが、定期的に舞台や自分のプロジェクトも行い、映画と舞台をバランスよくやっている稀有な俳優です。元々舞台上がりで、有名になってからも『ハムレット』『ジュリアス・シーザー』『オセロ』『リチャード三世』などのシェイクスピア作品から現代劇まで、数多くの舞台に出演しています。

　彼の恩師であるリー・ストラスバーグ亡き後、アクターズ・スタジオの芸術監督になり、その遺志を継承しました。

エステル・パーソンズ

　僕がアクターズ・スタジオのメンバーになった頃『俺たちに明日はない』でアカデミー賞助演女優賞を取ったエステル・パーソンズがよくスタジオに来ていました。ある日、浅草キッドの玉袋筋太郎さんからもらったド派手なグリーンのジャンパーを着てロビーにいると、「そのジャケットいいね」と声をかけられました。それ以来、大変厳しい人ですが、いろいろな面でお世話になり、とても可愛がってもらっています。ＮＹでの演技の母です。

　後に芸術監督になり、アル・パチーノとの出会いの鍵になった人です。

アル・パチーノと初稽古

　エステル・パーソンズはとても力を持っている人で、当時のスタジオを盛り上げようと、スターたちをスタジオに呼び戻して、本読みやワークショップなどを開いていました。

　そんな中アル・パチーノにも働きかけていたようで、彼が『オイディプス王』をやりたいということになり、本読みが開かれることになったのです。市民役で若い俳優が必要だということで、エステルに参加しないかと誘われました。

　本読み初日、アクターズ・スタジオの階段を上っていると、前にジャージ姿の人がいました。ふと上を見るとクリストファー・ウォーケンではないですか?!　彼やリップ・トーンなど、そうそうたる俳優が、本読みに参加するために来ていたのです。

　そして主役のアル・パチーノ登場。初めて同じ舞台で稽古をした日の興奮は今でも鮮明に覚えています。アクターズ・スタジオで、稽古の様子、役作り、彼が何を考え、何を感じ、どのような

プロセスを通るかを見ることができたことは、僕の財産です。

ブイ（V）

　ある日、稽古場でアル・パチーノの到着を待っていると、いきなり子供が親に楽しい出来事を伝えるときのように興奮しながら入ってきて、演出のエステルに「ブイ（V）、これを試してみたい」と手を大きく広げ、ブイの形にして言うのです。そしてどういうことか説明し始めたのです。

　この芝居は『オイディプス王』というギリシャ悲劇で、アル・パチーノが市民に演説するワンシーンです。そのときの演出は市民役の俳優がお客さんに混じって座り、彼らに演説するというものでした。彼は「アイデアがあるんだ。ブイ、ブイなんだ」と言うのです。「このV字型に市民を座らせ、その市民に向けて演説したら何か影響があると思うんだ。今日の公開リハーサルで試してみたいんだけど」と、演出のエステルに熱く言うのです。彼女は少し怪訝な顔をしていましたが「OK、じゃあ試しにやってみましょう」と言って、市民役の僕らはV字型に座り、段取りを決めました。

　そしていざ本番を終え、反省会で彼が開口一番「Vは何の影響もなかった。駄目だった」とあっさりと言うのです。まさに"Do and find out（トライ＆エラー）"です。彼がやっていることと自分が学んでやっていることが同じで大変励まされました。改めて自分の学んできたことが間違っていなかったと信じることができたのです。それは次のようなことです。

・プロセスを大事にする
・アイデアがあったら必ずやって答えを出す

・稽古場には目的を持って臨む
・失敗を恐れない
・間違いを素直に認める
　　など

後悔

　「誰が見ているか分からないからどんなときも手を抜くな」と言われますが、実際に体験して、今でも後悔している出来事が一つあります。

　スタジオで『ハムレット』の公演に参加したときに知り合ったハイミー・サンチェスが、プロセスユニット（脚本家・演出家のセッション）で演出をするから、観光客の役があるのでやらないかと声をかけてくれました。

　彼はベテラン俳優で『ウエスト・サイド物語』の初演の舞台に出ていたり、映画『ワイルドバンチ』など数多くの映画に出演しています。ハイミーはアル・パチーノを売れる前から可愛がっていて、アル・パチーノにとっては兄貴のような存在なのです。アル・パチーノがスターになった後の映画『ボビー・デアフィールド』『カリートの道』『リチャードを探して』などにも出演しています。

　というわけで、その観光客の役作りを開始しました。ハイミーがプロセスユニットでやる前に「一部を演技セッションでやりたい」と言ってきました。

　その芝居で大事な要素の一つであった暑さを選びワークし、演技セッションに参加しました。暑さを上手く作ることができ、皆からワークしていたと褒めのコメントをしてもらいました。

人間褒められると嬉しいのですが、その後に落とし穴があるのです。

　プロセスユニットの当日、ハイミーに冗談っぽく「アル・パチーノは来るの？」と聞くと「あぁ、来るみたいなこと言っていたよ」とさらっと言うではないですか。台詞もあり、アル・パチーノの前で演技を見てもらえる絶好の機会でした。しかし演技セッションの後、気が緩んで「まぁ、暑さもできたし、演出のセッションだし、まぁいっか」という気持ちになっていて、できる限りの準備をしなかったのです。

　「ハイミーは、あぁ言っていたけど、忙しいし来ないんじゃないか」とも思いながら、いざ本番を迎えました。僕の出番は二幕からなので、一幕はスタジオの二階席の後ろで観ることにしました。客席が薄暗くなり、芝居が始まると僕の横に見覚えのある姿が……暗くてよく見えないので目を凝らすと「アアア〜ァアル・パチーノ‼」ではないですか。やはり来ていたのです。急に胸の鼓動が早くなり、「どうしよう。なんだ、充分納得するまで準備して臨めばよかった」と後悔の念にかられました。そして二幕で僕の出番になり、一生懸命に演じましたが、到底納得するものではありませんでした。セッションが終わり、アル・パチーノが舞台に行き、ハイミーや出演俳優に声をかけていました。僕もかけられないかとその辺をうろちょろしていましたが、結局声はかけてもらえず、悔しい思いをしました。

　それ以来、どんな役でもどんな状況でも手を抜かず自分が納得するまで準備しようと決意したのです。

努力は報われる

　エステルから、プロセスユニットでハワイが設定の芝居で、リポーター役があるから、オーディションを受けないかと連絡がきました。「演出は私ではないが、是非やってみてはどうか」と言われました。

　台本をもらって読むと、キャラクターは日系二世で英語がネイティブと書いてありました。「あぁ、これは僕の役じゃない、いくら頑張っても無理だろう」と思いましたが、準備をしてオーディションに臨みました。

　結果はやはり駄目でした。しかしその翌日にエステルから電話があり、「再オーディションをしてもらうので、その前に私が見るから準備してもう一度やりなさい」と言ってくれたのです。自分の中では「無理だろう」という気持ちがありましたが、エステルがここまで応援してくれているので、もしかして取れるかもしれないと思い、徹底的に役作りを始めました。スピーチコーチと一言一句発音を練習し、演技指導も受け、リサーチもし、できる限りのことをしました。

　数日後、エステルの前で演技をし始め、一言目の台詞を言うと「What!」もう一度言っても「What!」何度言っても「What!」分からないと連発するのです。台詞に「Blood」という言葉があり聞き取れないと言うのです。日本語が母国語の人は、BLなどの連続子音を発音するとき、間に母音が入ってしまうのでとても難しいのです。

　あれだけ苦労して発音を何度も練習して演技プランを考えたのに、全く演技をさせてくれませんでした。悔しくて悔しくて目から涙があふれ出てくるではないですか。それでも無理やりに演技

を進めると「Stop! Stop! Stoooop!」と言われて止められてしまいました。

　その後も悔しくて涙がしばらく止まらないのです。エステルに「あなたがここまで訛りがあるとは知らなかった。この役は無理ね」と言われ、心の中で「もう4、5年、僕の演技を何回も見ているのだから分かっていただろう！」と叫びたくなりましたが、ぐっと堪えました。するとなんと「この役は無理だけど、今アル・パチーノが『サロメ』をやっているから、参加しないか」と誘ってもらったのです。初めて台詞のある役でアル・パチーノと同じ舞台に立てるチャンスを頂いたのでした。『狼たちの午後』を観てから9年の歳月が経っていました。『サロメ』の稽古、本番のことは今でも忘れられない思い出です。

　この経験を通して、どんな役でも、自分の役じゃないと思っても、手を抜かずに100％準備をすることを学びました。役を取ることも大事ですが、芝居に対しての真摯な態度が何よりも大事なんだと痛感した貴重な経験でした。そして何より、努力は報われるということでした。

　アル・パチーノが稽古中に皆にチョコレートを配っていて、僕ももれずにもらいました。あのチョコの味は今でも忘れません。そして挫けそうになったときには、あのチョコの味を思い出し修行を続けていこうと思っています。

248　　　　　　　　　　　Ⅱ 経験編

ハイミー・サンチェス氏と

尊敬する俳優アル・パチーノ

俳優 Ⅱ

感受性が強く繊細な俳優

　一般的にアーティストは感受性が豊かであり、繊細で、少し変わり者（？）が多いと思います。感受性の豊かさと繊細さは演技をするときに武器になるのですが、ときにはこの感受性と繊細さが、厳しい世界で生き抜くための障害になってくることがあります。人の助言や批評などをまじめに100％取り入れてしまうと自分を見失いかねません。荒波に揉まれても難破しない船のような強い心、自分を守る心の筋肉をつけていくことが大事になってきます。

　長所と短所は表裏一体です。欠点だと思うところの裏側には必ず良い面がありますので、その面を見ていくようにしましょう。すべてにおいてバランス感覚を大事にしていくことが、楽しい俳優生活を送っていく上での鍵になってくると思います。

表現力とは

　表現力がある人とは、自分の楽器のチューニングがなされている人のことだと思います。音名でいうと、ドレミファソラシドがきちんときれいに出ていることなのです。

　例えばドが怒り、レが悲しみ、ミが喜び、ファが憂い、ソがセクシャリティ、ラが憎しみ、シが嫉妬心、ドが楽しみなどというように、ドだけでは音楽は奏でられません。

　レペテションをしていくと、すべての音がきれいに出せるようになります。自分の中にあるたくさんの音名の一つひとつを100

％きれいに出せることが、演技をしたときに細かいヒダのようなビヘイビアや感情を表現できることに繋がるのだと思います。

才能について

「俳優の才能は一体誰がどのように決めるのだろう？」という疑問を抱いていました。有名な演出家、実力のある俳優に「君は才能がある」と言われれば、その人は才能の持ち主なのでしょうか？　才能を決める判断材料は一体何なのでしょう？

天才肌の俳優と言われている人は稀にいます。僕が今まで出会った天才肌の俳優たちは、長いトレーニングを積んだり、演技のテクニックを学んだりしなくても、楽器がすでに繊細で解放されているのですぐに役に入り込める状態になっています。想像の設定で真実に生きられるのです。また演技のIQや偏差値が高いので“1言えば10”分かってくれます。

しかし僕の考えでは、俳優としての生まれ持った才能がなくとも、努力する才能があれば俳優になれると思うのです。僕を含め99％の俳優は、生まれ持った天才肌だとは思いません。努力を継続できることは才能であり、継続してトレーニングをしていける人は天才肌の俳優とも渡り合うことができます。これがスポーツ選手ともなれば、記録という客観的に判断される材料がきちんとあるので、才能の有無は少しやってみるとすぐ分かります。

俳優の才能は他人が勝手に決められるものではありません。もし他人に「君は才能がない」と言われても、気にしないようにしましょう。この本の冒頭にあるように、あれだけ「ヘタヘタ」と言われた僕でも努力を続け、ここまでくることができました。自分を信じ、精進していって下さい。

俳優がしてはいけないこと

　フィルのクラスでは、人に肉体的に暴力で危害を与えることを絶対にやってはいけないと、耳にタコができるほど言われました。もし人を殴りたい衝動が起きたら、枕やベッドなどの物に当たり、人には危害を与えないこと、もしそれを一回でも犯したら、すぐクビにすると忠告を受けました。それぐらい最初から、たとえ怒りで殴りたい衝動があっても、相手だけは傷つけてはいけない、絶対守らなければいけないことだと教えられました。一歩間違えればこぶしでの殴り合いになり、取り返しのつかないことになってしまいます。

　しかし実際にはこういう人が稀にいるのです。アクターズ・スタジオで自主練習をしているときに、即興中に気でも狂ったのか、いきなり怒り出し、僕の首を絞め始めるではないですか?!　首をロックされて身動きがとれず、息もできなく、意識が飛んでしまう直前までいきました。抵抗している内に、相手がやっと首を絞めるのを止め、僕は自由の身になったのです。それから反撃開始！　パイプ椅子を掴み、相手を殴ろうとしましたが、絶対に殴ってはいけないと教え込まれているので、その怒りの衝動を、ソファーや床などを叩いて発散しました。

　二人とも落ち着き、彼が「本当に殴られるかと思ったよ」と言うので「お前が先に俺の首を絞めたんだろ！」と言い返しました。そのことを芸術監督のエステル・パーソンズに報告しました。彼女は彼がしたことに対して怒り、彼に説教をしたことは言うまでもありません。長い間演技をしているといろいろな俳優がいると思い知らされます。

自分も傷つけてはいけません

　分かっていても、僕も一度だけ怒りの衝動を抑えられずに、コンクリートの壁をパンチし、手を骨折してしまいました。治療代に3,000ドルもかかり、高い授業料を払いました。叩く前に壁の材質は調べておきましょう。

　ある夏の暑い日に近藤芳正さんの演出で『名医先生』（ニール・サイモン作）の稽古をしていました。当時、若気のいたりでしょうか、何も食べずにダイエットをしていたのです。痛風に苦しむ銀行員の役だったので、痛風の痛みを表現するために思いっきり力んだら、なんと気絶してしまい、その間僕は大きな船に乗っているイメージを見ていました。すると「おい、中西、大丈夫か！　おい！」の声が聞こえて生還したのです。ほんの4、5秒の間でしたが、一晩寝たくらい長く感じました。

　自分を大事にすることが一番で、体調を整えないと演技をするどころではないと、身をもって体験しました。二十歳の暑い夏の日の出来事でした。

芝居はPLAY

　ご存知の通り "PLAY" とは英語で "遊ぶ" という意味です。演技を芸術の域にまで到達させるには血のにじむ努力が必要です。物事を作り上げるには、必ず産みの苦しみがあります。しかし、苦しむなら正しい方法で苦しんでほしいのです。何も心にないのに泣こうとしても泣けないし、ただ涙を出そうとしても出ません。ただ漠然と泣けないなどと苦しまないでほしいのです。苦しむなら自分にどのようなことが影響して悲しくさせるのか、どんな人が悲しくさせるのか、過去の悲しい体験で使えるのは何か、それ

らを探すことで苦しんでほしいのです。苦しみを探すプロセスが楽しくなってきたら、稽古が始まるのが待ち遠しくなり、芝居が楽しくなるでしょう。

　芝居作りは苦しいことが多いです。しかし、常に芝居は"遊ぶ"という気持ちを忘れずに、過程を楽しんでいって下さい。

渋谷のラママの隣で 劇団七曜日の先輩　左・菅原大吉さん　右・近藤芳正さんと
菅原さんは家が近所でよく演技の話をして下さいました。

自　信

自信を持つ

　「もっと自信を持ってやりなさい」とよく言われます。そんな簡単に言われても難しいものがあります。ではどうやって自信をつければ良いのでしょうか？

　僕は芝居の稽古で、本能に従い自由に衝動のままに動けること、そしてその成功体験の積み重ねが自信に繋がっていくと信じています。他のアーティストやアスリートのように、日頃の地道なトレーニング＝レペテションを続ければ、自信は必ず得られます。

　他に、オーディションに合格したり、大きな役を取れたり、人に褒められたりすると、自信に繋がります。

　しかしなかなか自信が付いてこない場合は、自己肯定感の度合いが関係していると思います。育った家庭環境、トラウマ、いじめなどの、自己を肯定できない、自分を好きになれない何らかの原因があると思います。

　俳優の多くは心の傷、心の穴、根底にあるニードがあり、それを埋めるために演技をしなくてはいけないのです。アメリカの俳優は、家庭環境が複雑で、依存症などの精神的な問題を抱えていることが多々あります。

　自信を持つためには自己を尊重し、愛することが必要です。自己愛が薄い人は啓発本、ヒーリング、アファメーションなどを参考にワークをして、少しずつ高めていって下さい。

　ロベルタは「心の問題があればセラピーに行き解決すればいい。しかし俳優はその問題を使えばいい。一般的な仕事の人は、心の

問題を直接は使えないが俳優は使える。俳優の特権です」と言っています。僕も同感です。

レッテルを貼るのをやめる

「僕にはこれはできない」「私はセクシーではない」「主役タイプではない」「コメディはできない」「年を取りすぎている」など、頭の中にあるネガティブな考え、制限を壊すことが大事です。マイナスのレッテルは、他人に言われたことをいつの間にか自分で信じるようになってしまっている結果なのです。これは自分にではなく他人にパワーを与えていることになります。アーティストはとても繊細なので、他人に言われたことを真剣に受け止め、いつの間にか信じるようになってしまうのです。古いラベリングのカセットテープを新しいテープと取り替えなければなりません。古いレッテルのテープは、長い間自動的に、まるで石焼いものエンドレステープのように流れ続けているので、新しいテープとの交換作業は一晩では済みません。

時間はかかりますが、Baby Step が大事です。赤ちゃんの歩みのように一歩ずつ歩んでいって下さい。少しずつ必ず変わっていきます。

褒められノート

アーティストは繊細なので、ネガティブなことを言われると傷つき、それがずっと長い間残ります。そして自分のマイナスポイントや欠点などの考えを補強すべく材料を集めだし、段々その考えが強くなっていき、最後にはその考えに支配されるようになってしまいます。そうして、マイナスのことを言われるたびにその

マイナスのことが輪をかけて強化されていきます。褒められても心に染み込まなくなり、褒められることが逆に自己愛を増す妨げになっていってしまうのです。

　では褒められることによって自己愛を高めていくにはどうすれば良いのでしょうか？　褒められることは目に見えない財産だと思うので、それらをしっかり貯めていきましょう。どんな些細なことでもいいから、他人から褒められたときには、それをノートに書き留めます。演技に関してのことだけではなく、普段の生活のことも含めてです。

　例えば日常生活で、「その洋服良いね」「最近キレイになったね」「若々しいね」「その髪型いいね」「面白いね」「優しいね」「声が素敵だね」「生き生きしているね」などや、演技では「あのシーンよかったね」「声がよく通ってたよ」「コメディのセンスあるね」「舞台映えするね」「面白かったね」「存在感あるね」などがあるでしょう。演技に関しては自信が倍増するので、褒められたときには必ず書き留めておきましょう。

　実際は褒められる回数よりも、「駄目だね」「下手だね」「間が悪い」「いつまでやるつもり？」など、ネガティブなことを言われることが多いと思います。褒められることを自分にきちんと浸透させないと、そのうちに褒められてもその言葉を100％信じなくなってくるので気をつけて下さい。最悪の場合、すべてをネガティブに取るようになってしまいます。「演技良いね」「面白かったよ」「キャラクターがはっきり見えたよ」「夫婦の関係性が良く見えたよ」など言われても、信じるどころかすべて勘繰ったり「これはお世辞だな」などと疑い始めたりしますので、気をつけ

自信

ましょう。

　褒められノートが活躍するのは何と言っても落ち込んだときです。俳優人生は落ち込むことが多々あります。落ち込んだときというのは暗いトンネルの中にいるようで、自分のネガティブな部分しか見えなくなっています。そのとき懐中電灯になり、出口まで早く案内してくれます。褒められノートは自信を取り戻すのにも役立つと思います。

　明けない夜はない。必ず春はやってくる。人生山あり谷あり、しかし谷は続かない。

Gratitude List ／感謝の気持ち

　自分の境遇を嘆いたり、落ち込んだりしているときに行うと元気が出ます。今現在、自分にあるもの、持っているものなどを書き出していきます。

　例）
　健康である
　ご飯が食べられる
　住む場所がある
　着る服がある
　家族が健康である
　事務所に所属している
　演技の仕事だけでご飯が食べられている
　演技クラスを受けられている
　生活していけるバイトがある
　英語が話せる

何でも話せる親友がいる
恋人、パートナー、子供がいる
次の芝居が決まっている
ペットがいる
など

　些細なことでもできる限り書き出します。書き終えて、読み
返すと、なんて自分は恵まれているのだろうと感じます。境遇は
常に変化しているので、毎日書くのが良いと思います。
　朝一番に書くと、その日一日幸せな気持ちで送れるでしょう。

演 出

演出家

　演劇とは総合芸術です。どういう演出家が俳優にとってベストなのでしょうか？

　僕は協力者(コラボレーター)の関係を築き、俳優の個性を尊重してくれる演出家がベストと考えます。スタッフも含め、アイデアを出し合い、クリエイティブな議論を重ね、ベストの選択をし、芝居を作っていく過程が楽しいのです。その過程が苦痛、拷問と感じさせる演出家は、俳優の生理が分かっていないと思うのです。

　「北風と太陽」というイソップ童話があります。良い演出家はこの話に出てくる太陽だと思うのです。北風のように強引に服を脱がそうとすると抵抗をします。演技も同じで、演出家が無理やり自分の演技のイメージを俳優に押し付けると、俳優はどこかで抵抗して、受け入れるのが難しくなります。太陽で照らし、暖め、自ら脱ぐようにしてあげます。また超一流のシェフが作った美味しい料理があって、「食べろ」と誰かに指示されて食べるのと、自分から進んで食べたときは、同じ料理でも格段に味は違うと思います。演技も自分から進んでやると美味しくなります。

　良い演出家は俳優に答えを導かせ、本人に答えを出させてあげられる人です。そうすることで俳優自身のものになり、そこからまた新しいものが生まれるのです。例えば演出家が、ある役で俳優に、ゴリラから役作りをしてほしいとします。答えを出す演出家は「この役はゴリラっぽいから動物園に行ってゴリラを研究して、役作りをしなさい」と言います。良い演出家は答えを俳優に

出させるために誘導します。

> 演出家　この役は、動物から作れば良いと思うのだけど。
> 役者　動物ですか……。
> 演出家　何だと思う?
> 役者　この役は野蛮で気が荒いし……。
> 演出家　そうだね。動物を見ればインスピレーションも湧くと思うから、動物園に行ってみれば、答えが見つかるかもね。
> 役者　そうですね。明日稽古が休みなので行ってきます。

　最終的に、"ゴリラ"という演出家がイメージする動物にたどり着かなくても良いのです。ポイントは、いかに俳優をうまく誘導して想像力を刺激し、役作りが楽しくなるようにしてあげられるかなのです。言葉は悪いですが、俳優は単純な動物ですから、入り口まで連れて行ってあげれば、後は自分で進みます。道から外れたときは、うまく道に戻るように誘導してあげるのが良い演出家だと思います。

　マーティン・スコセッシ監督とロバート・デ・ニーロの関係は、お互いがアーティストとして尊敬し合っています。監督が俳優に自分の意見を押し付けるのではなく、俳優の意見もきちんと聞き、クリエイティブな議論を重ねて映画を作っていくそうです。監督・演出家と俳優の真の意味でのコラボレーションが、すばらしい作品を作り上げる方法だと思います。

やってほしくないこと
・台詞の言い方を真似て俳優に見せる

ラインリーディングといって、台詞の言い方をやって見せて、俳優に同じようにやらせることです。これは単に演出家のイメージを俳優に押し付けるだけで、俳優の役に立ちません。これをやると俳優の楽器がさび付き、単に台詞を言うだけのロボットになってしまいます。

　ラインリーディングからもっとひどくなると、今度は演じて見せる人がいます。俳優が演出家の演じたものを見ると、影響されないようにしても、結局はその外側だけ真似して演じてしまう傾向があります。

・ロボットや駒のように俳優を扱う

　俳優をまるで息の通っていないロボットのように扱う演出家が稀にいます。僕は俳優を生かすも殺すも演出家次第だと思うのです。アメリカの演出家のプログラムでは、最初は俳優と同じコースに入り、一緒に演技の勉強をします。その後、演出の勉強を始めるプログラムが多いのです。このことによって演技を勉強でき、俳優の生理も分かるようになります。

・傷つけるようなことを言う

　意識的なのか無意識なのか、平気で「才能ないよ」「そんなんじゃ売れないね」「役者辞めた方がいいよ」「どうやったらそんな臭い芝居できるの？」「不器用だね」「可愛くないよ」などと俳優を傷つけることを言う演出家がいます。「そんなに傷つくのが嫌なら役者なんか辞めちまえ！」という人がいると思いますが、ここはあえて俳優の立場で書きました。

　ときには厳しい真実を俳優に伝えなければならないと思います。

大事なのは愛情を持って伝えられるかどうかだと思います。俳優も一回、二回しか会ってない人に傷つくことを言われても気にしないで下さい。

・できないことを要求する

　例えば「もっとオーラを出して」「もっと目で語って」「魅力を出して」などです。実際にどうやって具体的に表現したら良いか分からないことは、言わないでほしいのです。俳優に「では実際どうやればいいのですか？」と聞かれ、答えられないことを言うのは無責任ではないでしょうか。

・直接的な演技指示をする

　自分がほしい演技を直接求めることは即効性がありそうなのですが、実は一番俳優を苦しめるのです。なぜならばその言われたことを直接表現しようと、表面的な演技になるからです。例えば「大きく」「悲しく」「寂しく」「泣いて」「興奮して」「怒って」「テンション高く」「面白く」「思いっきり」などということです。

　俳優を導く方法を習得すれば、芝居は何倍も良くなります。それも演出力・監督力です。

良いノートの出し方

　アメリカでは〝駄目出し〟のことを〝ノート〟と呼びます。僕は〝駄目出し〟という言葉はどうも苦手で、この言葉を聞くと駄目なところを言われると思い、良い感じがしないのです。僕は日本でも〝ノート〟と言っています。

　ノートを出すときにはポジティブな部分から伝えてほしいです。

どんな演技でもどこか良い点はあると思います。まずはポジティブな点を伝え、そのあと改善点を伝え、最後に俳優を勇気づけます。次回、前を向いて演じられるようにしてあげて下さい。

ノートは具体的に

「つまらない」「面白くない」「駄目だ」などのノートは俳優の役に立ちません。具体的にノートを出し、理由を説明すると、俳優も納得し、解決に向けて具体的に行動できます。抽象的なものではなく具体化することは、演技、演技指導、演出、すべてにおいて共通しているのです。

個人的にノートを出す

稽古後のノート出しで、皆の前で失敗したことや厳しいことを言われたり、人が褒められるのを聞いて「僕は下手だ」「私は才能がない」「役者辞めようかなぁ」と落ち込んだり、情けなくなったことがあると思います。

アメリカの演出家で、皆の前では演技のノートを出さない人がいます。この方法は二人だけの秘密の話し合いになり、自分の失敗した点や皆に聞かれたくない点を他の俳優に知られないので、信頼感を増すのに役立ちます。TPOに応じて使い分けると効果があると思います。

おすすめ

ドキュメンタリーを観る

　僕はドキュメンタリーを観るのが好きです。観ていて大変演技の勉強にもなるのです。リアルな人間のビヘイビアの宝庫です。退屈なTV、映画は"それっぽい演技"をしていて、観ている人に"分かりやすい演技""見せる演技"をしていることが多いと思います。悲しいシーンでは悲しそうにすれば、それで成立するのです。多くの俳優がそのような演技を見て、"それっぽく演じること"が演技だと、知らず知らずのうちに思ってしまうのです。何度も書いていますが、ビヘイビアは嘘をつかず、真実は体を通して出てくるものです。

　このようなインタビューを見たことがないでしょうか。息子を交通事故で亡くした両親のインタビューで「もうカズノリがいなくなってから一年が経ちますが、あの日のことを一日と忘れたことがありません。あの日、立ち話に夢中にならなければ……」と言った瞬間にそのときのことを思い出して泣いてしまう……。

　もちろんこれは演技ではありませんし、実際起こったことだから、自然に感情が出てくるのです。ここから何が学べるかと言うと、具体的であるということです。

　実際、以下のようなシーンがあったとします。

　「もうカズノリがいなくなってから一年が経ちますが、あの日のことを一日と忘れたことがありません。あの日、立ち話に夢中にならなければ」

　号泣する。しかし話を続ける。

「すべて母さんの責任……ごめんね」

　これをリアルに演じるためには、俳優がそのときの状況や息子との関係性などを具体的にする必要があります。どれだけ具体的にしても具体的にし過ぎることはありません。是非ドキュメンタリーを観て、リアルで具体的なビヘイビアを研究してみて下さい。

なぜ俳優になりたいか

　なぜ俳優になりたいのか理由を知っていることはとても大事です。

　「お金持ちになりたい」「有名になりたい」「モテたい」「良いところに住みたい」「あいつを見返したい」「あの人に認められたい」など、何でも良いのです。これは変わっていくこともあるでしょう。

　しかし変わらないものがあると思います。それは根底にあるニードで、埋めようとしても埋まらない穴で、無意識に突き動かし、俳優を続ける理由です。多くの俳優は穴を埋めようとして頑張り続けるのです。このような人は、世間一般で言われている安定した職業では満足できないのです。

　例えば親の愛情をあまり受けずに育った人は「愛情がほしい」、小さいころいじめられた人は「馬鹿にされたくないから必死で頑張る」、兄弟と比べられて劣等感を持ったので「見返してやりたい」などあると思います。

　知らず知らずのうちに、根底にあるニードをもとに、人生の選択や決断などをしています。これを知っていることが俳優として大事だと考えます。そうなると、自分の演じる役の根底にあるニードが分かってくるので、深いレベルで役を理解できることに繋

がります。

自分を大事な楽器として扱う

　友人の映画監督から、今度映画でギターを弾く役をやってもらいたいから練習をしておくようにと言われ、高価なギターを渡されました。ある日レッスンに向かうために混雑した地下鉄に乗っていたときのことです。ソフトケースに入れておいたので、人にぶつかったり、何かものに当たったりして、ギターを傷つけたら大変なことになると思い、持ち歩きにとても気をつけました。そのとき、ふと「あぁ、これが自分を楽器だと思い大事にすることか」と思いました。

　時間があれば、大事な楽器を混雑した電車の中や雨の日に持ち歩いてみて下さい。経験として自分は楽器だと体感できると思います。僕は他人の楽器で気づかされました。

子供から学ぶ

　子供から学べることはたくさんあります。時間があれば一緒に遊んだり、観察してみて下さい。僕は電車の中で3、4歳の子供や赤ちゃんが近くに来ると、言葉なしでのレペテションをします。怖い目で見るとおびえて母親にしがみついたり、変な顔をすれば不思議な顔をするし、笑えば笑うし、素直に反応します。

WHY／なぜ？

　僕がネイバーフッド・プレイハウスに入ってすぐの頃、マーティン先生に「なぜ／WHYは俳優にとって一番大切なことだ」と言われました。そのときはさっぱり分からず「WHY？」と心の

中で思っていました。皆子供の頃は好奇心旺盛でした。それが大人になるに従い段々と薄れてきます。すばらしいアーティストの多くは好奇心旺盛で、常に「なぜ？」と疑問を抱いています。

芝居作りでも「なぜ、なぜなんだ」の気持ちを常に持ち続けて下さい。いつでも「なぜ？」を心に持ち続けることで、常に新しい発見をしていくことができると思います。

重要なことは、疑問を止めないことである。探究心は、それ自身に存在の意味を持っている　　──アインシュタイン

自分の作品を書く

18歳でこの世界に入り、まずしなくてはいけなかったのは、自分でコントや漫談を書くことでした。その影響もあり、ＮＹに行っても勉強会で一幕劇、アクターズ・スタジオのオーディション用シーン、友人と映画『Sushi or Not to Be』を書いたりしました。独り芝居『JAPA-RICA』では、数年かけて演じては改訂を繰り返し、本公演を打ちました。

皆一つや二つぐらい自分の言いたいこと、表現したいことはあるはずです。別に秀作を書く必要はなく、書く過程が大事なのです。俳優としての想像力を鍛えられるだけでなく、作家としての才能が開花する可能性もあるかもしれません。

余談ですが、ネイバーフッド・プレイハウスで演技を学び、のちにアメリカ演劇を代表する劇作家になったデヴィッド・マメットがいます。

ロビーには彼の写真が飾ってあり、"Take heart, they didn't ask me back either.（勇気を出せ、私も招待されなかったから）　Love-

DAVID MAMET"と書かれています。二年生に招待されなかった僕は、この言葉を信じてフィルのもとに戻り、がむしゃらに勉強しました。アメリカの有名なことわざで"Everything happens for a reason.（すべての物事は理由があって起きる）"というのがあります。理由が分かることは時間が経過してからなのです。僕が二年生目に招待されなかったときは悔しくて悔しくて学校を恨みましたが、そのおかげでまたフィルと勉強できるようになったのです。巻末に僕の書いた作品があるので参考にしてみて下さい。

芝居作りの固定観念を捨ててみる

　日本では、一ヶ月ほどの稽古期間を経て本番、というのが芝居作りの定番ではないでしょうか。アメリカにはいろいろな芝居作りの方法があり、過程を大事にして作品を作り上げていきます。

・Reading（リーディング）／本読み公演

　台本を見ながら観客の前で発表するものです。戯曲がオリジナルの場合には実際読んでみてその出来栄えを確認し、フィードバックやアドバイスをもらうために行います。また、既成の戯曲であれば、キャストが適しているか、実際に本公演を打てる可能性があるかどうかを試してみるために行われます。

・Work in Progress（途中経過公演）／ワークショップ公演

　稽古の途中で限られた観客の前で公演をして、意見やアドバイスなどもらうためのものです。これを繰り返していくことによって質の高い芝居を追求していきます。その過程で本公演を打てる可能性も探っていきます。

おすすめ　　　　　269

アル・パチーノがアクターズ・スタジオで『オイディプス王』『サロメ』の公演をしたときには、映画撮影の合間をぬって稽古をし、ワークショップ公演を重ね、観客の反応を見ながらトータルで二、三年の時間をかけ、過程を大事にして芝居を作っていました。一旦稽古が休みになる前、皆に向かってアルが「映画の撮影でまた行かなくちゃいけないが、僕はこうやって芝居を作っているのが楽しい」と言っていました。本当に彼は舞台が好きなんだとつくづく思いました。

　アメリカでも組合の関係で、商業ベースの芝居は稽古期間や時間が制限されているので、長い期間をかけて芝居を作っていくのは難しい場合が多いですが、できる限り過程を大事にします。“一ヶ月間の稽古で本番”という概念を壊し、いろいろな形で過程を大事に作り上げられるのが理想だと思います。

Review ／批評に対して

　自分が出ている芝居の劇評が出たことが何度もあります。自分に対してポジティブなことが書かれているときには天にも昇った気持ちになり、逆にネガティブなことが書かれていると、地獄に落ちます。The New York Times に自分の名前が出て写真まで出たときには、天国に行った気分でした。しかし独り芝居『JAPA-RICA』では、The Village Voice に酷評され、地獄に落とされました。批評家が来たときの公演は満員で雰囲気もよく、爆笑の連続で最高の回でしたので、自分で勝手に良い劇評が出るだろうと信じていたのです。ところが書かれている内容を読み、呆然としました。顔から火が出る思いで、これを何万人の人が読むのかと想像したら、恥ずかしくてたまりませんでした。

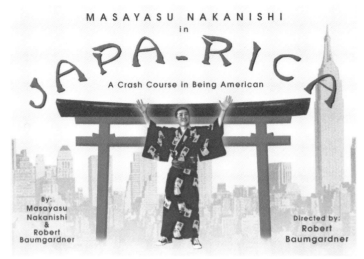

「JAPA-RICA」ポストカード デザイン by ロベルタ・ウォラック

　落ち込んでロベルタに話すと "Bad critic is better than none.（悪い劇評でも出ないよりはマシ）" と言われました。そう思うようにしてもこの批評家をしばらく恨んでいました。あちゃー、今でもインターネットを検索するとその記事が出てきます。

　劇評を全く読まない俳優もいます。それも批評から自分を守る一つの方法でしょう。劇評も一つの意見ですから世界中の人が同じ考えをしていると思う必要はなく、参考にする程度の気持ちで一喜一憂しないのが大事だと思います。

映画を観る

　僕がコント赤信号に弟子入りしたころ、リーダーに「お前、お

笑い目指していてマルクス・ブラザーズ知らないの？　今の日本のお笑いの原点はそこにあるんだよ、観なくちゃ駄目だよ」と言われ「馬鹿じゃお笑いできないよ！」「常に勉強だよ！」と言われ続けました。勉強不足の自分が悔しく、マルクス・ブラザーズの全作品を観て、すべてビデオにダビングして何回も観ました。『我輩はカモである』は是非観てみて下さい。

　一日数本観てもこの世にあるすべての映画は観きれませんが、とにかく時間と暇さえあれば、いろんなジャンルの作品を観るように心がけています。すばらしい映画からは多くのことを学べるし、どんな作品からでも何かしら学べるはずです。

　さらに映画鑑賞ノートを付けるともっと良いと思います。僕は観た映画をすべて5段階評価で採点していて、演技の勉強になるシーンやどんなときに役に立つかを書いておきます。

スポーツ観戦

　ロベルタが初来日したときに、初めて子供の頃から大好きだった相撲を両国国技館で観戦しました。

　相撲、卓球、テニスなどのスポーツは、とても演技の勉強になるでしょう。1対1で行うゲームは緊張感のある芝居のようなものだと思います。集中して相手と駆け引きをし、瞬間瞬間を生きる。そこにはいくつものドラマがあります。

　今でも国技館には時間があれば観戦に行きます。是非一度行ってみて下さい。

ヨーロッパでの芸術観

　2006年6月、オーストリアのザルツブルクで公演を行い、その

後ウィーンに二週間ほど滞在しました。ヨーロッパにおける芸術の価値観には驚かされることがたくさんありました。オーストリアでは芸術に充てる国家予算が非常に多く、全面的にアートを支援しているのが街を歩いていて伝わってきました。

　今まで芸術の価値観を、日本とアメリカの二つだけで考えていた自分の視野の狭さを反省しました。若いうちにいろんな国の芸術を肌で感じることは、視野を広め、感受性を育てるのに役立ちます。直接世界の芸術に触れることをお勧めします。

酒やタバコとの付き合い方

　俳優は自分の体が商売道具です。ミュージシャンは楽器が商売道具なので、楽器を大事にするのは当たり前のことで、ましてや傷つけることはしません。俳優が酒やタバコなどを体に入れすぎているということは、楽器を傷つけていることと同じではないでしょうか。

　以前、僕がアクターズ・スタジオの前でタバコを吸っていたら『東京のホテルのバーにて』でシーンを一緒にした友人の女優リネットに「タバコを止めなさい」と忠告されました。そして僕が「今公演中でストレスがあるから」と言い訳をすると「俳優は一生ストレスを感じ続けるわよ」と言われました。またスタジオライフ主催で僕がコーディネーターを務め、ロベルタが初めてＮＹでワークショップを行ったときには、生徒さんに「期間中は酒、タバコは禁止」と言っていました。

　現在喫煙している方やお酒を飲んでいる方は、一時的に数週間やめると、感覚の違いや、どれだけ酒やタバコに依存して自分の本当に感じていることから逃げているかに気付くと思います。僕

おすすめ

もタバコとお酒を止めたとき、同じことを感じました。

　俳優は、時には内面の深い所から感情を作ったり、心の傷を使ったり、見せたくないものを見せるなど、心をいじくる作業をするので、酒やタバコに依存することにもなりかねません。一度、酒やタバコとの付き合い方を見直してみるのも良いことではないでしょうか。

アドバイス

役を愛する

　いまひとつ気乗りしない役、やりたくない役が回ってくることがあります。このような場合でも、少しでも良いから好きになれる、共感できる部分を見つけて、その部分を着火点として役作りに臨みましょう。役を愛さないということは、サイドブレーキをかけながらアクセルを踏む感じです。役を愛すれば愛するほど、探究心旺盛になり、深い役作りができると思います。

前にやった人の演技をなるべく見ない

　自分がある役を演じるに当たって、同じ役を演じた他人の演技は極力見ないようにするというのは、アメリカでは定説です。古典や繰り返し再演されている芝居、映画をもとにしている芝居などを観て演技の参考にするのは避けて下さい。観ると単なる真似になったり、知らず知らずのうちに影響され、自由な発想が失われたりする可能性があります。

ただ泣けても意味がない

　僕が俳優を始めた頃、泣こうとしても泣けなくて俳優への道を断念しようかと真剣に考えたことがありました。涙は結果であり、その裏にあるものが何よりも大事なのです。泣くのは朝飯前みたいな女優さんがいますが、ただ泣いていても何も伝わらないのです。具体的に何かを感じていないとただ涙が出ているに過ぎないのです。たまねぎや目薬を使って泣いても、見ている人は何も感

じません。「泣くことができるのがすばらしい俳優なら、いつも泣いている叔母はすばらしい俳優だ」と、ある有名演出家は言っています。

アンテナを立てて生活する

アンテナは僕の大好きな言葉の一つです。勉強を続けている人は、アンテナが高く受信力が強いと思います。役作りに当たっては、私生活の中で少しでも役を意識して生活をすると、いろいろなものの見方が変わったり、不思議な出会いや偶然が起きたりする可能性があります。

松田優作氏は、「どんな場にいても、アンテナを張っていなければ駄目だ。みんな、ちゃんとアンテナを張っていれば見えるものを、見ていないんだ。勉強しない奴は、冒険を恐れる。既成の安全牌を打って、対処しようとする。最初から逃げ腰では、すごいものが目の前にあっても気づかない。創造の場にいても、想像力のない奴が、うじゃうじゃしているからな。口では映画が好きだといいながら、根本的に勉強不足なんだ。この国の映画人は」(松田美智子『越境者 松田優作』新潮社、2008年)と言っています。彼に今の日本の現状を見て「なんじゃこりゃ」と言われないように、死ぬ気で頑張らないといけないと思います。

使えるものはなんでも使う

芝居作りで大事なのは「これをしちゃいけない」「これは駄目だ」という制限を設けないことです。ジェームズ・ディーンは疲れていることを表現するために、足首におもりを巻いて歩いたそうです。

自分の状態を受け入れる

　今そのときの自分自身の状態を受け入れること、そのときに感じていることや思っていることを口に出し、認めることは重要です。例えば好きな人に告白する前に緊張していても、「君のことが好きだ。付き合って下さい！」と口にして伝えた後、気持ちがスーッと楽になった経験はないでしょうか。返事がノーだとしても、真実や思っていることを認め、口に出すことで楽になるのです。演技でも同じで、どんな真実も認めてから演技できるように持っていきます。

　例えば、今日は風邪で頭が痛くて集中できないなら、それをまず受け入れます。集中できない自分を責めるのではなく、集中できていない今の自分を使います。練習や本番で心身の体調が万全でないときもあると思います。「二日酔いだ」「腹が減って倒れそう」「疲れてイライラしている」「来る前に恋人と喧嘩して落ち込んでいる」などを人前で言うと、皆に「やる気あんのか！」「帰れ！」「集中しろ！」などと言われると思います。他人に自分の思っていることを聞かれたくないときは、デタラメ語でも構わないので口にして、外に出してみて下さい。内に貯まったエネルギーが外に出て、楽に感じることができます。

　一度、風邪で体調が悪く、それでも稽古に行かなくてはいけないことがありました。普段出しているエネルギーを出せないので、体調が悪い状態を認めて使い、練習をしました。すると演出家に「普段より力が抜けていて良い感じだ」と褒められました。稽古段階でそのときの自分自身の状態を使って演技をすると、普段とは違う気付き・発見があると思います。

人と比べない

　ジョシュ・ハートネットがまだ無名のときに『フォルテ』で共演をしました。マイクロバスで一緒に現場に行ったり、現場でくだらない話などをしたりしていました。それが一年後には『パール・ハーバー』に主演し、一気に大スターになりました。

　実際ハンサムで性格も良かったし魅力はありました。けれどアメリカにはこれぐらいのハンサムボーイはざらにいますし、モデルのように群を抜いているわけでもなく、演技も特別なものを感じませんでした。僕の方が演技経験も長いし、「何でだ！」と心の中で叫びました。彼と自分を比べて、「これはフェアじゃない」と落ち込みました。

　人間皆違うように、それぞれのタイプ、それぞれの道があるので、他人とは比べないようにしましょう。これはどんな世界でも同じだと思います。マラソン選手だった高橋尚子さんのコーチ・小出義雄氏は「ほかの人と比較するんじゃないよ。比較しちゃ絶対に駄目だ。いつでも、自分がいまよりも強くなることだけを考えなさい」（小出義雄『君ならできる』幻冬舎、2004年）と言っています。

Compare and Despair.（比べると絶望する）

アドバイスの受け入れ方

　頼んでもいないのに、好き勝手に個人的なきついアドバイスを言う人がたまにいます。言った本人は忘れていることが多いと思いますが、言われた俳優はたまったものではありません。「そん

なものに耐えられなかったら俳優なんかやめちまえ！」という意見もあるのは分かりますが、僕はスパルタ方式で芸術を作り上げる時代は終わったと思っています。

　結局"愛情"なのではないでしょうか。"愛情"を感じるアドバイスには耳を傾け、それ以外の言葉の暴力に関しては自己防衛をしていかないと、長い俳優人生はやっていけません。

こんなときの対処法

ブロッキング・段取り

　芝居には、必ずブロッキングや段取りがついてきます。演出家に「この台詞で窓際に動いて」と指示されれば動かなくてはなりません。そこで俳優の仕事は、その動きを正当化することです。例えば、そのきっかけの前に、窓の外に大きな飛行船を発見し、それを見るために動くとか、早く動きたいなら、誰かが窓から覗いていたから確認しに行ったなど、具体的に動く理由をつけます。そうしなければ、ただの段取りで動く形になってしまいます。動く理由は芝居と直接関係なくても、状況に当てはまっていれば問題ありません。俳優が想像で見ているものは観客には絶対に見えません。動きを付けられたら、必ず自分の中で消化して動いて下さい。でなければ、ただの段取り芝居になってしまいます。

感情の結果を要求された場合

　感情の結果を要求されることは良くあります。いきなり「山の頂上まで来なさい」と言われているようなものです。そこまで行く道のりがなければ、嘘の演技になります。俳優の仕事は道のりを埋める作業です。これまで本書に記した方法で、具体的な演技ができるように持っていきましょう。

自意識過剰になった場合

　「髪を触るクセがあるね」「手を腰にやるクセがあるね」「もっと姿勢を良くして」「歩き方が汚い」「声を低くして」「声を高く

して」などと、声や姿勢や所作のことを言われると自意識過剰に
なってしまい、演技どころではなくなってしまうでしょう。
　そうなったらトイレに行くとか「少し休ませてほしい」などと
言って頭を切り替え、その間に言われたことを自意識を感じずに
演じられるように具体的な対策をとりましょう。

相手俳優が演出や演技指導を始める場合
　アメリカでは"相手俳優を演出してはいけない"と口酸っぱく
クラスで教えられるので、これをする俳優は少ないです。そう言
われていても、自分のやりやすいように演出したり、演技指導を
始めたりする俳優がいます。
　芝居作りにおいて、お互いに提案やアドバイスなどをするのは
必要なことだと思います。しかし、相手に演出するということは、
自分の俳優としての仕事を怠ることなのです。相手に演出する余
裕があるなら、その分自分の芝居を良くする努力をしなさいと教
え込まれました。もしそのようなことをされたら演出家に、クラ
スであれば先生に相談して解決法を見つけて下さい。

テンポアップと言われたら
　「テンポを上げて！」「テンポが落ちてる！」「テンポがない！」
とノートをもらったことはよくあると思います。ではテンポを上
げるにはどうしたらいいのでしょうか？　テンポを上げるのは結
果のことなので、それをどのように内側から作っていくかが鍵に
なります。大体の場合、テンポのノートが出ると、焦ってスピー
ドを上げよう上げようと頑張ってしまい、台詞をまくしたてるよ
うになってしまいます。

こんなときの対処法　　281

実際、同じ芝居をずっとやっていると間が延びて、テンポが落ちてくることがあります。だんだん芝居に慣れてきて、俳優が芝居に酔い、感情に酔い、相手の台詞をきちんと聞かなくなり、余計な間を取り過ぎることに原因があると思います。

　そこでテンポを上げる方法として、緊急性を入れてみます。設定には書いていませんが、何か自分に影響する緊急性を探します。

例）学生ＡがＢに告白するシーン

　場所を放課後の教室とし、完全下校時刻まで後5分しかない。

例）『ハムレット』第三幕 第一場　ハムレットとオフィーリアのシーン

　ハムレットは、5分以内に追い返さないと父の亡霊と会話ができる時間に間に合わない。

　オフィーリアは、5分以内に聞き出さないと、国外追放される。

　それらの理由を個人化して自分に落とし込みます。

　他にもイタリアンラン（スピードスルー）といって、台本を最初から最後まで、早口でスピードを上げて言う方法があります。表面的ですが、これを行った後は必ずと言っていいほどテンポが上がります。

経験・教訓

ハリウッド映画現場での経験

　『フォルテ』の撮影でウォーレン・ベイティ、ゴールディ・ホーンからたくさんのことを学ぶことができました。いちばんすごいなと思ったのは、ダイアン・キートンが違う種類の演技の選択を、すべて最高のレベルで演じていたことです。

　設定は長年連れ添った夫婦で、最近旦那の浮気がばれて関係が気まずくなっている状態です。妻は建築士で賞をもらい授賞式に参加しています。そこへ突然、旦那（ウォーレン）が登場し、壇上で妻に向かってスピーチを始めるというシーンです。そこで、妻（ダイアン）が台詞を聞くクローズアップがありました。

　一回目は一切彼を許さずに無視する演技、二回目は彼のスピーチに感動し涙を流す演技、三回目は嬉しくも照れ、となりのゴールディ・ホーンに話しかけて照れを隠す演技でした。

　もちろん監督との打ち合わせがあったのだと思いますが、毎テイクで違う選択の演技をしていました。ましてやどれもが最高の演技なのです。それまで本番では、選択した一つのものをベストで演じることが大事だと思っていました。

　映画は監督のものだと言われます。俳優がいくらあがいても編集などでカットされる場合もありますし、自分の良かったと思う演技を使ってくれない場合が多々あります。このとき学んだのは、編集のときにたくさんの選択肢を監督に残せるかどうかも大切だということでした。

怖さが快感になり自由になれる経験

　『Still Life with Commentator』に出演したときの経験です。この公演はライブミュージック、ビデオ、歌、ダンス、芝居などをミックスしたマルチメディアパフォーマンスで、僕はミュージックをバックに歌ったり、踊ったり、演じたりしました。

　初演のノースカロライナ大学では、ある曲で僕が段々スーツを脱いでいき、最後はパンツ一枚になる演出が付いていました。4ヶ月後のザルツブルク公演でのことです。開演30分前に演出家のイブラヒムが、「マサ、あの曲でズボンを脱いだ後にパンツも脱いで」と、さらっと言って立ち去って行ったのです。冗談だと思い彼を追いかけて「冗談でしょ!?」と聞くと「NO!」と真剣な声のトーンで返事が返ってきたのです。やらなければしゃれにならない絶体絶命の危機です。そこで悩んだ末に「ここはオーストリアで誰も僕のことなんか知らないし、もうどうにでもなれ～!」と覚悟を決めたのです。いざ本番!　僕の演じる場所は三つあるプラットフォームの一番後ろです。大劇場なので観客との距離があり、視線を感じずに思いっ切りパンツを脱げたのでした。

　それから半年後、今度は地元ＮＹでの公演で、友人もたくさん観に来ます。全裸を友人に見られてしまうと考えると、プチパニックになりました。しかし「もう一回やってる、800人も入る大きな劇場でお客さんの視線も気にならないし、何と言っても僕はアーティストだ。何でもやってやる。笑いたい奴は笑え!」と覚悟を決めて舞台に立ちました。一日目は大変緊張しましたが、二日目から少しずつ楽になり、日が経つうちに段々恐怖感が薄れ、楽しくなっていき、楽日には完全に解放され自由になりました。

　全裸になり、怖さは快感に変わるということが分かりました。

『Still Life with Commentator』　演出家イブラヒム・クライシ氏と

準備を怠った経験

　アクターズ・スタジオのセッションの前日に、友人のエリザベスから連絡があり、『A Perfect Ganesh』（テレンス・マクナリー作）をやるので、召使役で出てくれないかと頼まれました。時間もないし、彼女たちがメインで僕にはそんなフォーカスが当たらないだろうと考え、具体的に課題を課さず、準備もせずに参加しました。シーン終了後、その日モデレーターであったエステル・パーソンズにメインの彼女たち以上に質問攻めにあい、あまり準備していなかった僕は答えられず、こっぴどく叱られました。それ以来、台詞のない役や出番が少ない役でも、主役をやるときと同じようにワークをしています。

演技の天使が降りてくる経験

　このように感じたときが何回かあります。舞台で演じていると
きに体に天使が舞い降りて、衝動に従い自由に行動でき、ただそ
の瞬間を生きている。一般的にゾーンと言われている感覚だと思
います。天使が舞い降りてくれるためには全身全霊で準備して、
あとは瞬間瞬間を生きるという気持ちで演じます。まさに人事を
尽くして天命を待つ。天使が降りてくると、演技が芸術の域に達
します。これを初めて感じたのはアクターズ・スタジオの最終オ
ーディションのときでした。緊張はしていましたが、すべての瞬
間瞬間を天使に助けられ生きられました。演技の天使が降りてき
てくれるように日々精進です。

　ちなみに霊感の強い人は、スタジオに入ると「霊がたくさんい
る」と言います。以前は、教会だったせいかもしれません。日本
人で三人目のメンバー・米倉リエナさんは、実際に不思議な体験
をしたことがあるそうです。ジェームズ・ディーン、マリリン・
モンロー、リー・ストラスバーグなど多くの魂が時折帰ってくる
と言う人もいます。

映画は完成まで分からない

　『フォルテ』に出演したとき、初めてみるハリウッドの裏側は
衝撃的なもので、生まれて初めて経験する贅沢な待遇も多くあり
ました。

　ロングアイランド（ＮＹ近郊）での撮影最終日、ピーター・チ
ェルソム監督のアシスタントが僕たちのところに来て「君たちは、
面白いから、今度ＬＡでの撮影にも監督が呼びたがっている」と
言われました。共演の先輩俳優が「まぁよくあることだから、話

半分に聞いていればいいよ」と言われたので、あまり真剣に取りませんでした。三週間後、マネージャーから電話があり「いついつからＬＡでの撮影だけどスケジュールは大丈夫か？」と聞かれました。「あれは本当だったんだ！」と天にも昇るぐらい喜びました。

　ＬＡに出発当日、アパートまでリムジンが迎えにきて空港まで送ってくれました。飛行機はファーストクラスです。初めて飛行機が目的地に早く着いてほしくないと思いました。到着すると、ＮＹから一緒に来た他の二人の俳優がいるので、長いストレッチリムジンがお出迎えです。ホテルまでゆったりくつろぎ、これまたホテルに到着してほしくないと思いました。

ロサンゼルス　ザ・カルバー・スタジオズで

現場では出番もたくさん増え、台詞もクローズアップもたくさんあり、見ている人から面白いと褒められ、毎日楽しく撮影をすることができました。夜、ホテル屋上のプールに浮かび、空を見上げ「これが公開すればアメリカでブレイクする！」と思いながら星を眺めていました。

　しかし全部撮影が終わり一年が経過したのですが、待てど暮らせど公開しないのです。なんと、撮影後にウォーレン・ベイティがラストの方が気に入らないので、新しく脚本を書き直して撮り直していたのです。試写会で愕然としました。クローズアップも笑ってくれたギャグも、すべて編集でカットされていたのです。ひどく落ち込み、一緒に観に行った友人は僕にかける言葉を失っていました。

　映画は公開されるまで分かりません。このことを身をもって知りました。

　余談ですが、この映画では、ウォーレン・ベイティが脚本の最終決定の権利を持っていて、セットでウォーレンとリハーサルをしても、数時間後の撮影の前に台詞が変わっていたということがよくありました。ある意味、監督より権限を持っているのです。

感激した舞台

　今まで数え切れないほどの舞台を観てきました。これも師匠のコント赤信号の「常に勉強していないと駄目だ」という教えが叩き込まれているおかげです。

　すでに芝居は終わってしまっているので推薦作品としては書けませんが、いちばんすごかったオールスターキャストとシェイクスピア作品について書きたいと思います。どちらもＮＹパブリッ

クシアター主催のシェイクスピア・イン・ザ・パークの公演です。
　一つは、2001年に The Delacorte Theater で上演された『かもめ』（アントン・チェーホフ作）です。演出のマイク・ニコルズの力だと思いますが、以下のような俳優が出演しています。メリル・ストリープ、ケビン・クライン、クリストファー・ウォーケン、ナタリー・ポートマン、フィリップ・シーモア・ホフマン、スティーヴン・スピネラ、マーシャ・ゲイ・ハーデン、デブラ・モンク、ラリー・パイン、ジョン・グッドマンなどです。

セントラルパーク　The Delacorte Theater

今後この先、これだけのオールスターキャストを観ることはできないでしょう。全員すばらしかったのですが、特にフィリップ・シーモア・ホフマンのトレープレフの演技は今でも強烈に覚えています。

　僕はその年、パブリックシアターの年間チケットを持っていて、『かもめ』のチケットもついていたので、並ばずに観ることができました。チケットは限られた枚数が当日の昼に配られるので、前日から大勢の人が劇場の前でキャンプを張り並んでいました。

　もう一つは、2010年に同じく The Delacorte Theater で上演された『ベニスの商人』です。数多くのシェイクスピア作品の演技を観てきましたが、アル・パチーノ演じるシャイロックは、彼の魂と肉体すべてを使い表現していて、台詞の言い方はまるでクラシック音楽の名曲を奏でているようで、心地よい耳ざわりでした。今までの人生の中で観た一番の演技と言っても過言ではないほど、完璧な演技でした。

　さて、この二つの作品に共通しているのは何だと思いますか？それは無料だということです。アメリカはアートを支える寄付金制度がきちんとしていて、ＮＹパブリックシアターも助成を受けています。いつか日本でも良質な芝居を無料で観られるようになったらと願っています。

映像現場 Ⅰ

　撮影現場はとても楽しいものです。特に俳優組合の仕事はいろんな角度から俳優が守られ、いくつもの権利があります。契約によりますが、例えば朝一の仕事で現場に入ったら、必ず温かい朝

食が準備されている、現場のセットにスモークが焚かれたら、プラスの報酬がもらえるなどがあります。

シットコムの現場でリハーサルをしていたときのことです。リハーサル中にシーンの流れでエキストラの一人に台詞がつきました。すると次の日から、その人用に個人の楽屋が準備されていました。台詞がもらえたら個人用の楽屋が用意される契約があったからです。エキストラと台詞がある役の間には、天国と地獄のような扱いの違いがあります。

たくさんの種類の契約があります。例えばソープオペラ（昼のメロドラマ）ではUnder-five契約というカテゴリーがあり、役付きでも、台詞が5行以下でなくてはならないなどがあります。僕が出演したハリウッド映画『フォルテ』の契約では、自宅から空港まではリムジン、飛行機はファーストクラス、空港からホテルはリムジンが約束されていました。

映像現場　Ⅱ

映像の撮影は短距離走のようで、一日何十本ものダッシュをします。ガスを弱火にしたり強火にしたり調整する感じで、集中力の上げ下げがポイントです。

現場で監督の指示をすぐさま理解して演技ができるよう、調整力、対応力を身に付けていくことが重要です。

例）監督の指示

もっとセクシーにしてと言われたら　→　猫の尻尾を感じる

偉そうにと言われたら　→　少し顎を上げてみる

もっと声を大きくしてと言われたら　→　as if 相手が耳が遠い

泥酔を演じてと言われたら　→　いかだの上を歩いている

もっと柄悪くと言われたら　→ as if 全身に龍の刺青がある

もっとシャイにと言われたら　→　ネズミのエッセンスを入れる

もっと疲れているように演じてと言われたら　→　象の体の重さ
　を感じる

もっと優しくと言われたら　→ as if マザー・テレサ

など

　クイズが出されたらすぐに答えられるような瞬発力を身に付け
ていきましょう。

仲間・恩師

サンフォード・マイズナー

　僕がネイバーフッド・プレイハウスに入学した91年には、まだMr.サンフォード・マイズナーはクラスで指導をしていました。その数年後には引退したので、彼に教わった最後の日本人だと思います。ちなみにネイバーフッド・プレイハウスでは生徒たちはすべての先生を敬称を付けて呼ばなくてはいけませんでした。

　僕らのような俳優の卵にとって、彼は雲の上の存在でした。彼の教えを直接受けたいと、全米からこの学校にやってくるのです。

　クラスに彼が初めて教えに来る直前、僕はとても緊張し、心臓がバクバクしていました。ドアが開き、杖をついたサンディーが、ゆっくりとアシスタントのイアンと入って来ました。そして机まで行き、座り、マイクを調整して話し出し、演技のクラスがスタートしたのでした。

学生証 22 歳

初めて彼の前でレペテションをしたときは極度に緊張していたので、正直覚えているのは「Where are you from?」と聞かれたことだけです。クラスではまだまだ英語の聞き取りができなかったうえ、マイクを通して聞こえてくる彼の声を理解するのに大変苦労しました。彼の言葉やオーラに触れられたことは僕の大きな財産の一つです。直接指導を受けたことは僕の俳優人生に大きな影響を与え、演技指導においても息づいています。

仲間・ファミリー

　僕が芝居の世界に入って約30年、ひとつ断言できることがあります。それは、芝居人生をここまで続けてこられたのは仲間やファミリーの支えがあったからこそだ、ということです。この世界では毎日が戦いで、挑戦の日々です。荒波にもまれることも多いと思います。ときには落ち込んだり、自信をなくしたり、俳優を辞めようと何度も思ったり、酷評されれば苦しみ、役に恵まれなかったり、仕事が入ってこないと心配になったりと、山あり谷ありのジェットコースターのような人生です。そんな中で大事なのはクリエイティブなソウルメイト（親友、心の友）を見つけることです。同じ芝居作りの価値観を持ち、傷をなめ合うのではなく、刺激し合い、切磋琢磨していく、サポートし合える仲間が必要なのです。

　僕は一人の姉と二人の妹のような存在がいます。姉は次の項で書くロベルタで、一人の妹は何度も登場している米倉リエナさん。もう一人は演出家の小川絵梨子さんです。絵梨子さんがまだ、アクターズ・スタジオの大学院生だったころ、『JAPA-RICA』を手伝いに来てくれて知り合いました。ＮＹで彼女の演出作品を初め

て観たのは『紙風船』（岸田國士 作）で、以来多くの作品を観て
います。アクターズ・スタジオへは何回も一緒に通いました。現
在の活躍は書く必要もないと思います。

　現場・本番は戦いの場で、砂漠のようなものです。そして仲間
は砂漠の中のオアシスのようなものです。砂漠をずっと歩いてい
たら死んでしまいます。砂漠を歩き続けていると喉が渇くように、
厳しいこの世界を歩き続けているとクリエイティブな部分が渇い
てきます。常に水分の補給をするように、疲れたらクリエイティ
ブなエネルギーを仲間から補給して下さい。

　アクターズ・スタジオでは、メンバーになるとお互いをファミ
リーと呼び合います。現場・本番で忙しく、スタジオに久し振り
に戻って来ると「家に帰って来たみたい」と言います。スタジオ
は僕らにとっての“家／ホーム”、安心できる場所なのです。僕
らにとっての目的は一つ、少しでも良い俳優になることなのです。
同じものを共有できる仲間やファミリーを増やしていけば、俳優
を一生の仕事として終えることができるのではないでしょうか。

　日本でもファミリーを増やし、いつか俳優の“ホーム”を作り
たいです。

ロベルタ・ウォラック

　僕は“Sister”と呼び、ロベルタは“Brother”と呼び合ってい
ます。血の繋がりはないけれど、血より濃いものを感じます。

　彼女に初めて会ったのは、アクターズ・スタジオでの『ハムレ
ット』公演で、ガートルード役の女優が急に出演できなくなり、
代役として来たときでした。彼女は黒澤明監督の大ファンで、日
本文化に造詣が深く、親日派で、初めて会った僕に興味津々で、

米倉リエナさん結婚式当日。左から、ロベルタ、著者、河内喜一朗(故人、元スタジオライフ座長)

すぐに仲良くなりました。

　2002年、スタジオライフの座長である河内喜一朗氏のNYでのワークショップ開催の依頼を受け、ロベルタに講師をお願いしました。俳優の俳優による俳優のためのワークショップを信念に、少しでも日本の演劇界・映像界が良くなってくれることを願い、ロベルタとリエナと三人でNYでのワークショップを何度も行いました。

　今では日本に定期的に来日して数多くの俳優を指導しています。

フィル・ガシー

　NYに来て半年が経ち、そろそろ演技の勉強をしたいと思い始めたころのことです。英語のプライベートレッスンの先生で女優のシャリルに相談すると、トム・クルーズも教えたことがあると

いう彼女の演技の先生・フィルを紹介してくれることになりました。

　いざ面接の日、希望と不安を抱えてスタジオに行きインタビューが始まりました。しかしフィルの言っていることがほとんど分からないのです。困り果てた彼は、シャリルにその場で電話をしたので、「こりゃ駄目だ」と思ったら、何ともう一度シャリルを含めた三人で面接をしたいということでした。面接で僕の情熱をフィルに伝え、シャリルが訳し、フィルも分かってくれ、無事クラスに入れてもらえたのです。普通は英語でコミュニケーションを取れない俳優をクラスに入れるなんて考えられないでしょうが、フィルは違ったのです。

　いざクラスに入ってみると、全員アメリカ人です。レペテションはうまくできず、皆に笑われ悔しい思いをし、毎回恥をかきながらクラスを受け続けました。それからフィルには演技の勉強だけではなく、私生活でも大変お世話になりました。

　彼は2003年に長い闘病生活の末、天国に旅立ってしまいました。亡くなったその日に、親類縁者を集めて偲ぶ会が、ブルックリンの妹さんの家で行われました。そこには中庭があり、皆で思い出やエピソードを話し、最後は輪になり、思い出を一人ずつ語りました。僕の順番が回ってくると、庭に飛んでいた一匹の蛍が、僕の足元からゆっくりと胸ぐらいまできてとどまり、そしてスーッといなくなったのでした。僕が「これはフィルじゃないか」と言うと、皆も「その蛍はフィルだ」と言うのです。最後の最後まで、フィルは蛍になり僕のことを気にかけてくれていたのです。今でも彼との写真を部屋に飾っています。

Come to Life ──フィル・ガシー

　この言葉はレペテションやシーンに命が吹き込まれたときフィルが頻繁に使っていた言葉です。

　以下は、フィルからもらったプリントで一番大切にしているもので、本番前に必ず読みます。

クリスティーン・ラーティの演技スタイル：
　私は相手役が与えてくれるものに完全に頼っています。その慈悲を受けています。とにかく最高なのは、私のように取り組む人と演じることです。それはギブ＆テイクだし、瞬間、瞬間のこと。私は相手に注意力を向けて、自意識がなくなります。自分がどういう風に見えているか、どんな表情になっているか、何を感じているかを考えません。もちろんそうなる前には、役に対して何週間もリサーチをしたり、伝記を書いたり、内面の作業を行います。そして現場に行き、上手くいけばその全部を忘れて、相手役に集中します。

September 3, 94

Dear Masayasu,

I hope this reaches you ok.
If it does, please write back!
And print your address bigger!

You must have faith, both
in your talent and abilities,
and patience, that things
happen for a reason + your
job is to grasp + understand
that reason. Our lives are
like exercises that "Don't
Make Sense." Wait a little
and see what presents itself
to you.

Let us hope that your
suffering holds a key to
what you must do next.

As ever,
Phil Gushee

フィルより

大事にしている言葉

　僕が尊敬しているアル・パチーノの言葉に、「僕は俳優として認知されていることを望んでいます。映画スターになろうとしたことは、一度もない」、「映像をこなしているだけでは、私は生きていけない。だけど、その反対に、名誉とお金は付いてくる。私の問題は、今でもどこかの小さな劇場でハムレットを演じたいのに時間がないということだ」などがあります。彼が演技が大好きなのがひしひしと伝わってきます。

　同じく彼の言葉で「俳優は感情のアスリートとなる」があります。15分間のレペテションは、15分間全力で走るのと同じぐらい疲れるものなのです。これは、レペテションを終えて疲労困憊状態になっている俳優に、よく伝えている言葉です

　以前、新聞記事で目にしたネイバーフッド・プレイハウスの大先輩ダイアン・キートンの言葉で、「絶対に自分のことをジャッジしてはいけない、絶対に！　ずーっと突き進むべきだ。トライし続けるべきだ。それがあなたの仕事だ。それはあなたが自分自身を捧げなければならない仕事だ。私はそう思う」というものがあります。これは、とても大事なことです。どんなことがあっても自分を疑わず、自分を信じて邁進していってください。

　また、僕は現在、まだ多くの現場や本番に出ていない俳優たちには、高橋尚子さんの座右の銘である「何も咲かない寒い日は、下へ下へと根を伸ばせ。やがて大きな花が咲く」という言葉を伝えています。

　3年ほどかけて、僕がＮＹである程度までの演技トレーニング

を終えたころ、オーディションに行って早く仕事を取りたいと、いつもムズムズしていました。しかし、当時アメリカで働ける労働許可書を持っておらず、仕事を取ることができない状況でした。日本人でビザを持ち仕事をしている友人が羨ましく、とても悔しい気持ちでいっぱいでした。その気持ちをひたすら演技の勉強にぶつけて、日々演技のトレーニングをしていました。その間に、下に下に根をたくさん伸ばせたことが、今の自分のベースになっています。今トレーニングが出来ていることに感謝して、日々練習をしていってほしいと思います。

その他

NYに留学を決めたわけ

　赤信号劇団の公演で演出をした方が打ち上げのとき、「今度ロンドンに演劇留学に行く。夢はウッディ・アレンと40代の背中のツーショットだ」と熱く話していました。そのことを聞いた瞬間にピンと閃き「海外で演技の勉強をするのもありだ!!」と思い、即座に演劇留学を決意し、ロンドンに行ったら真似になるのでNYにしました。もしそのとき、その演出家がNYに行くと言っていたら、僕はロンドンに行っていたと思います。

ボビーの名前の由来

　僕は中西康二と正子の長男として東京の新小岩に生まれ、柏で育ちました。もう人生の半分以上、ボビーという名前を使っています。人から「ボビーっぽいよね」と言われ、どういう意味か分かりませんが、この名前に愛着を持っています。演技とは関係ありませんが、ボビーの名前の由来をよく聞かれるので書きたいと思います。

　ラサール石井さんにNYで"一番"というレストランを経営している方を紹介してもらい、その寮に住み込みで働きながら英語学校に通い始め、NY生活がスタートしました。

　渡米数日後に"一番"の社長に「正康じゃアメリカ人にきちんと名前を覚えてもらえないからアメリカンネームを付けなさい」と言われました。「どう決めていいか分からないのでお任せします」と言うと、すかさず「じゃあ、お前はジミーにしよう。今日

からジミー中西だ」と言われました。「あぁそうなんだ、僕はジミーなんだ」と思い、一晩過ごしました。

　翌日レストランで社長と顔を合わせた途端「ジミーじゃだめだ。ジミー大西に似てるからボビーだ！　ボビー中西だ！」。これが命名された瞬間です。

小宮孝泰氏と

ラサール石井氏と　ＮＹに行く前の送別会で

渡辺正行氏と　ＮＹに行く前の送別会で

付録

Realism Acting

To live in truth in the imagination:
What I learned in New York

その1 | ボビー中西による戯曲

He and She

by Masayasu Nakanishi & Phil Gushee & Greta Turken
（アクターズ・スタジオの最終オーディションのために書いた作品）

M:　Masayasu

G:　Greta

M: (Private moment with party preparation, his appearance, ring etc.)

G: (Enters. muttering.) I forgot my keys. (He intercepts her.) Look at you.

M: Happy birthday. (They kiss.) You're twenty-one minutes late. (Leading her table.)

G: Oh my god. I can't believe you did this.

M: I had all planed out. I asked Taro to make all Sushi for you. (Gives her rose. Makes her sit.) Sit. (Pours Sake.) I've got...special Sake.

G: Oh my god. Ikura, Uni,,,

M: A toast your birthday. (They drink-loving cup. She starts to get up.) A toast to you and me.

G: I've got go and change.

M: Change for me? Something sexy? (He takes out box with ring.)

G: No, no. You know that audition I had yesterday at the public. Well you George Wolfe right? He wants me to come back and have the producer see me and this whole thing, so... at 7:00 o'clock.

M: Tonight? You're kidding right.

G: Kidding! Would I kid about something like this. I gotta look extremely good. (She looks in mirror.)

M: Extremely good for George Wolfe?

G: It's for a big acting job.

M: (He gets between her and mirror.) I don't think you understand how much trouble I went to do this for you.

G: (She crosses to table to get new stockings from knapsack.) I'll be back. Put the sushi in the fridge. We'll celebrate tomorrow. You can even come if you want.

M: I thought it was understood tonight was for the two of us to celebrate. (He approaches her as she begins putting on her stockings at bed.)

G: You know, you'd think it was your birthday. (Doing makeup or changing clothes/accessories.) I'm the one who has to go through turning 29. And let's get one thing straight. From here on, I'm 22. And the only thing I want to celebrate is getting this part. and if you weren't so SELFISH, you would want that too!

M: I'm not SHELLFISH. And I'm not shrimp either.

G: Selfish! I said selfish.

M: I know that. I made a joke. You think I'm stupid! You're making fun of me. (Becoming threatening.) You want to make me a fool? That's alright. $200 worth of sushi- I will give it to Mishima. Here Pssss pssss pssss pssss. Mishima! (Puts sushi on floor.)

G: You're out of your mind. (Picks up sushi tray.)

M: Hands off. That's for cat. (He pushes her/ knocks her down.)

G: If you dare try that again I'll knock your fucking face in. (She is up in his face. He stomps. She backs behind table OK. OK. (Sits down..) So I won't go to my producer meeting. I mean I'm this close to a part but nah- I'd much rather stay here at home with you instead and maybe watch some TV, waddaya say just the two of us. So where is my birthday present?

M: Ok. Here is your birthday present. You fucked everything up. (Shows her small jewel box with ring in it.) It's too late.

G: What's this... Look... I'm sorry. I made a big mistake. We shouldn't have done what we did. I mean, look... I'm just your roommate.

M: Just roommate! Just roommate? We shouldn't never have done it. I'm sorry. My mistake. I forgot this is NY. You must not trust anyone here. Especially the one you just slept with. What a fool I am. Sometimes I forgot I am living in New York.

G: (She gets out the door.) Wish me luck.

M   (He is left alone. Private moment. He sings happy birthday song.)

THE END

『取立屋』

作・ボビー中西

男 お願いしますよ。

もう期限10日間も過ぎてるんだよ。

この前会ったとき、今度会ったら全額耳をそろえて返すと約束したじゃないですか？

忘れましたか？

指切りげんまん嘘ついたら針千本飲ます、指切った（歌う）

こんな歌ありましたね。

針飲みますか？

考えたら針千本揃えるって結構大変だと思いませんか？

　　（ポケットから携帯電話を取り出し）

何だよ、今取り込み中なんだよ。

だめだよ、コンクリート詰めにしないと沈めても浮いてきちゃうだろ。

うん、分かった。この楽しい話が終わったらすぐに行くよ。

それまでにドラム缶を用意しておけよ。（電話を切る）

何の話でしたっけ？

あぁ針の話ね。

そんなのどうでもいいんだよ！

早く持って来いよ。

嘘ついてるのは分かってるんだから。お前さんがこの前ベンツで銀座のママさんとデートしてるの知ってんだよ。ベンツ売って金にしてこいや。

何、あれはレンタカーだって？

ふざけなんよ。てめえなんてカローラでもレンタルしてりゃいいんだよ。

かわいい娘さんいましたよね？　かなえちゃん。

かなえちゃんの裸インターネットで見てみたいな。

　　　間。

土下座したってだめですよ。

土下座で許していたら借金取り、いらないよ。

ねぇ、僕の立場も考えてくれたことある？

僕にもれっきとした上司がいるんですよ。仕事を実行できないと怒られるし、おまんま食えないんだよ。

泣いたって駄目ですよ。

涙を使うのは普通女性でしょ。

俺、女の涙に弱いけど男の涙見るとムカムカするんだよ。

泣き止め！

泣き止め！！

泣き止め！！！

　　　間。

よし、泣き止んだから今日のところは許してやる。

明日まで待ってやるよ。これが最後通告だからな。

　　（去ろうとして振り返り）

あぁ、念のために遺影に使う写真選んでおいた方がいいかも
ね。
指切りげんまん嘘ついたら針千本飲ます、指切った。

　　（と歌いながら去って行く）

　　　　　　　　　　　　　　　　　　　　　　　　　終わり

その2 ｜ アクション動詞表

　相手と関わりが持てる動詞、相手に○○させる動詞、自分だけで行動できる動詞、シーンの目的として使える動詞を選びました。なお、同じような意味の動詞も各個人で感じ方が違うと思うので入れました。ここに掲載されていないものもあると思いますので、自分でリストを増やしていって下さい。

あ

挨拶する

愛撫する

崇める

諦めさせる

呆れさせる

揚げ足をとる

欺く

あざ笑う

味わう

遊ぶ

（人を）暖める

圧倒する

圧力をかける

暴く

（悪口などを）浴びせかける

甘える

甘やかす

あやす

謝る

あらを探す

歩き回る

哀れむ

暗記する

安心させる

い

言い争う

いい加減に扱う

言い張る

言いふらす

言い負かす

言い訳をする

威嚇する

息苦しくさせる

異議をとなえる

いじめる

意地悪をする
急がせる
いたずらする
痛めつける
いちゃつく
挑む
威張る
嫌がらせをする
嫌味を言う
イラつかせる
入れ知恵をする
色目を使う
祝う
印象付ける
インタビューをする

う

受け入れる
嘘をつく
疑う
打ち明ける
打ち勝つ
打ち負かす
訴える
うっとりさせる
うまく操る
裏切る
恨む

売り込む
うるさく言う
うろたえさせる
うろつく
うわごとを言う

え

演技する
演出する
遠慮する

お

追い出す
追う
応援する
大目にみる
お悔やみを言う
贈る
（反乱などを）起こす
（人を）起こす
怒らせる
教える
押し付ける
押す
お世辞を言う
お節介を焼く
襲う
おだてる

落ち着かせる

衰えさせる

脅かす

おどける

脅す

驚かす

怯えさせる

おびき寄せる

おびやかす

おべっかをつかう

汚名を着せる

思い出させる

思いつかせる

思いにふける

終わらせる

恩に着せる

———————————

か

解雇する

改善させる

改造する

飼いならす

解任する

回避する

（元気、意識などを）回復させる

解放させる

書き留める

（人の心を）かき乱す

学習する

確認する

かくまう

陰口を叩く

駆け引きする

加速する

がっかりさせる

活気を与える

担ぐ

喝采を送る

活を入れる

家庭教師をする

悲しませる

かまをかける

我慢する

がみがみ言う

からかう

駆り立てる

かわいがる

歓迎する

感激させる

観察する

監視する

感謝する

関心を持たせる

鑑定する

感応させる

勧誘する

（苦痛、怒り、不安などを）緩和する

き

気落ちさせる
聞き返す
機嫌をとる
キスする
傷つける
犠牲になる
気絶させる
起訴する
気づかう
気づかせる
気ままにさせる
疑問を表明する
虐待する
恐喝する
教授する
脅迫する
興味をそそる
強要する
協力する
許可する
虚勢を張る
拒絶する
切り捨てる
気力を奪う
気力をくじく

気を配る
禁止する
吟味する

く

釘付けにする
（計画などを）くじく
苦情（小言）を言う
口出しする
愚痴をこぼす
覆す
屈服させる
くつろぐ
口説く
苦悶させる
悔しがる
（心などを）暗くする
繰り返す
苦しめる

け

敬意を払う
警戒する
迎合する
警告する
軽視する
軽蔑する
けがす

激賞する

撃退する

激怒させる

激励する

けしかける

化粧する

蹴散らす

ケチをつける

決意する

決心、決定する

潔白であることを立証する

けなす

懸念する

喧嘩を売る

元気づける

検査する

眩惑させる

こ

好意をもって迎える

後悔する

交換する

講義する

攻撃する

交渉する

拘束する

肯定する

公表する

興奮させる

拷問にかける

口論する

声に出す

誤解させる

こき下ろす

告白する

告発、告訴する

酷評する

克服する

凍えさせる

試みる

心を乱す

固執する

ごちそうする

誇張する

こっぴどくやっつける

言葉巧みにだます

こびへつらう

こびる

ごまかす

困らせる

ごまをする

懲らしめる

孤立させる

殺す

怖がらせる

壊す

懇願する

コントロールする

混乱させる

さ

罪悪感を感じさせる

採点する

遮る

捜す

逆らう

搾取する

叫ぶ

避ける

支える

授ける

さする

挫折させる

殺到する

諭す

妨げる

さらけ出す

去る

騒がす

参加する

懺悔する

残酷に扱う

賛成する

賛美する

し

思案する

しいたげる

司会する

仕返しする

しかとする

叱り飛ばす

叱る

志願する

刺激する

仕込む

支持する

静かにさせる

実行する

叱責する

失敗させる

失望させる

質問する

質問攻めにする

指摘する

指導する

支配する

自慢する

締め出す

湿っぽくさせる

謝罪する

邪魔する

謝礼する
修正する
集中する
自由にさせる
手術する
主張する
熟考する
出席する
呪文で縛る
授与する
準備する
紹介する
賞賛する
招待する
冗談を言う
承認する
上品に振る舞う
譲歩する
証明する
処理する
じらす
知らないふりをする
調べる
退けさせる
尻に敷く
ジロジロ見る
審査する
心配する

信頼する
侵略する

す

推薦する
推理する
崇拝する
スカウトする
救う
勧める
(人を) 捨てる
すねる
スパイする

せ

制止する
征服する
急かす
せがむ
せっかんする
説教する
絶交する
説得する
切望する
説法する
説明する
責める
世話を焼く

宣言する

詮索する

宣誓する

先導する

全滅させる

そ

想像させる

ぞくぞくさせる

阻止する

そそのかす

（目、考えを）そむける

（心、注意を）そらす

尊敬する

た

対抗する

大志を抱く

大事にする

台無しにする

逮捕する

耐える

たしなめる

尋ねる

叩く

立ち向かう

脱帽する

楽しませる

頼む

たぶらかす

騙す

黙らせる

試す

頼る

嘆願する

探求する

断言する

断定する

ち

誓う

近寄る

茶化す

注意する

忠告する

仲裁する

中傷する

調査する

挑戦する

挑発する

治療する

鎮圧する

沈黙させる

つ

追憶にふける

追求する
追跡する
追放する
通告する
通知する
通訳をする
捕まえる
(真相などを)突き止める
突き放す
尽くす
償う
告げ口をする
つけ込む
告げる
伝える
慎ませる
罪滅ぼしをする
罪をなすりつける
詰め込む

手伝う
でっち上げる
徹底的にやっつける
出鼻をくじく
手ほどきをする
手を引く
伝授する
伝承する

と

問い詰める
問う
同意する
洞察する
同情する
逃亡する
動揺させる
遠回しに言う
とがめる
説き伏せる
とどめを刺す
怒鳴る
とぼける
止める
捕らえる
虜にする
取り締まる
取り調べる

て

提案する
提携する
抵抗する
訂正する
溺愛する
テストする
撤退する

取り巻く
取り戻す
（顔に）泥を塗る

___

な
直す
泣き言を言う
泣き叫ぶ
慰める
嘆き悲しむ
嘆く
なじる
（人を）なだめる
納得させる
なでる
怠ける
悩ませる
並べる

___

に
憎む
逃げる
認知する

___

ぬ
盗む

___

ね

ねたむ
ねだる
熱中させる
値踏みする
眠る

___

の
覗く
ノックする
ののしる
飲み込む
呪いをかける
呪う

___

は
馬鹿にする
迫害する
白状する
暴露する
励ます
恥をかかせる
恥をさらす
罵声を浴びせる
はっきり言う
発散する
ハッスルする
罰する
はったりをかます

罵倒する
鼻であしらう
はねつける
破滅させる
反抗する
反省する
反対する
反応を起こさせる
反発する
反乱を起こす

―――――――――――――

ひ

ひいきにする
ひがませる
惹き付ける
引き渡す
卑下する
びっくりさせる
否定する
ひどく叱り付ける
非難する
皮肉を言う
ひねくれる
批判する
批評する
誹謗する
秘密を嗅ぎだす
冷やかす

評価する
表現する
ひるませる
品位を落とす
ヒントを出す

―――――――――――――

ふ

不安にさせる
不意をつく
（文、詩で）風刺する
不穏な空気にする
不快にさせる
吹き込む
復讐する
服を脱がせる
ふざける
侮辱する
不審に思う
防ぐ
ぶち壊す
ぶっ潰す
腐敗させる
不平を言う
不満を示す
ぶらつく
ふりをする
プレゼントする
触れる

プロポーズをする

憤慨させる

奮起させる

分析する

へ

閉口する

平静さを失わせる

へこませる

返答する

弁論する

ほ

妨害する

褒美を与える

抱負をのべる

抱擁する

保護する

ほっぽりだす

ほのめかす

褒める

ほらを吹く

滅ぼす

ぼんやりさせる

ま

（悪い噂などを）撒き散らす

紛らわす

待ち伏せする

惑わす

真似する

麻痺させる

魔法をかける

守る

迷わせる

丸め込む

満足させる

み

味方する

見下す

見くびる

見捨てる

導く

見つける

密告する

認める

（人の心、真相を）見抜く

見逃す

魅惑する

身をかわす

む

無感覚にさせる

無気力にさせる

無視する

鞭打つ
夢中でしゃべる
夢中にさせる
無理じいする

め

名誉を傷つける
名誉を挽回する
命令する
滅多打ちにする
目を覚めさせる
面食らわせる
免除する
面目を潰す

も

申し込む
申し付ける
申し出る
もぎ取る
黙想する
持ちかける
もてあそぶ
もてなす
喪にふくす
物語る
もみ消す
漏らす

や

焼きを入れる
約束する
優しい気持にさせる
やじり倒す
休む
止めさせる
やり返す
（怒りを）和らげる

ゆ

優位に立つ
誘拐する
勇気づける
誘惑する
揺さぶる
譲る
夢見る
許す

よ

よいしょする
用意する
要求する
擁護する
様子を伺う
養成する

抑制する
横取りする
よじ登る
呼び起こす
呼び出す
呼び止める
喜ばせる
酔わせる

ら

楽にする
乱暴にする

り

リードする
理解する
力説する
リクエストする
立証する
略奪する
利用する
リラックスさせる

れ

冷笑する
礼拝する
レイプする
レッテルをはる

ろ

狼狽させる
労をねぎらう
論争する

わ

和解させる
煩わせる
罠をかける
詫びる
わめく
笑いものにする
笑わせる
悪口を言う

参考図書

『ひかりの中に』渡辺正行、メタモル出版、1989年
『サンフォード・マイズナー・オン・アクティング』サンフォード・マイズナー
/デニス・ロングウェル 著、仲井真嘉子/吉岡富夫訳、而立書房、1992年
『メソード演技』エドワード・D・イースティ 著、米村晰訳、劇書房、1978年
『演技術入門』R・ボレスラフスキー 著、樋口讓訳、早川書房、1954年
『優作トーク』山口猛 編、日本テレビ放送網、1995年
『人は見た目が9割』竹内一郎、新潮社、2005年
『強く生きる言葉』岡本太郎、イースト・プレス、2003年
『完訳 スプーンリバー詞花集』エドガー・リー・マスターズ 著、岸本茂和 訳、
朝日出版社、2004年
『きけ わだつみのこえ』日本戦没学生記念会 編、岩波書店、1988年
『回想録』テネシー・ウィリアムズ 著、鳴海四郎 訳、白水社、1978年
『越境者 松田優作』松田美智子、新潮社、2008年
『君ならできる』小出義雄、幻冬舎、2004年
『演技のインターレッスン』ジュディス・ウェストン 著、吉田俊太郎訳、フィ
ルムアート社、2002年
『"役を生きる"演技レッスン』ウタ・ハーゲン 著、シカ・マッケンジー 訳、フ
ィルムアート社、2010年
『俳優になるということ』ディー・キャノン 著、梶原香乃 訳、雄松堂書店、2014年
『ハムレット』シェイクスピア 作、福田恆存 訳、新潮社、1967年
『ハムレット』シェイクスピア 作、松岡和子 訳、筑摩書房、1996年
『欲望という名の電車』テネシー・ウィリアムズ 作、小田島雄志 訳、新潮社、
1988年
『ガラスの動物園』テネシー・ウィリアムズ 作、小田島雄志 訳、新潮社、1988年
『おやすみ、母さん』マーシャ・ノーマン 作、酒井洋子 訳、劇書房、2001年
Joanna Merlin "AUDITIONING" A VINTAGE ORIGINAL
Larry Silverberg "The SANFORD MEISNER Approach" A SMITH AND KRAUS
BOOK
Susan Batson "TRUTH" RuggedLand
SHAKESPEARE "Hamlet" A PENGUIN BOOK

推薦図書

『サンフォード・マイズナー・オン・アクティング』サンフォード・マイズナー／デニス・ロングウェル 著、仲井真嘉子／吉岡富夫 訳、而立書房、1992 年
『メソード演技』エドワード・D・イースティ 著、米村晰 訳、劇書房、1978 年
『壁を破る言葉』岡本太郎、イースト・プレス、2005 年
『野村の流儀』野村克也、ぴあ、2008 年

参考演技クラス・演技講師・演出家・俳優

フィル・ガシー スタジオ
ネイバーフッド・プレイハウス
サンフォード・マイズナー
アクターズ・スタジオ
リー・ストラスバーグ
ウィン・ハンドマン スタジオ
ロベルタ・ウォラック
米倉リエナ
ジョー・アナニア
マーティン・バーター
イアン・マックレー
HB スタジオ
ペア・ブラ
アレック・ダフィー
エリア・カザン
スーザン・バトソン
アン・ジャクソン
栗原崇
外山晴菜
コント赤信号
杉兵助師匠
フランク・コサロ
エステル・パーソンズ
エレン・バースティン
アーサー・ペン
スティーヴン・ラング
リー・グラント
エリザベス・ケンプ

The Neighborhood Playhouse School of the Theater (ネイバーフッド・プレイハウス)

　ネイバーフッド・プレイハウス（Neighborhood Playhouse School of the Theater）は、ニューヨークにある有名演劇学校で、マイズナーテクニックが生まれた場所です。20世紀で最も優れた演技講師の一人であるサンフォード・マイズナーは50年以上にわたってダイアン・キートン、ジェフ・ゴールドブラム、デヴィッド・マメット、スティーブ・マックイーン、ロバート・デュヴァル、ジョアン・ウッドワード、シドニー・ポラック、クリストファー・ロイド、アン・ジャクソン、イーライ・ウォラックなど数多くの俳優を指導しました。

The Actors Studio (アクターズ・スタジオ)

　アクターズ・スタジオは、1947年にエリア・カザン、チェリル・クロフォード、ロバート・ルイスによって創設されました。リー・ストラスバーグが1951～82年まで芸術監督を務め、現在はアル・パチーノ、ハーヴェイ・カイテル、エレン・バースティンが共同でプレジデントを務めています。60年以上にわたり俳優、演出家、脚本家といった演劇のプロフェッショナルの発展に貢献する、非営利組織です。

　幾度ものオーディションに合格した結果、晴れてアクターズ・スタジオのメンバーになると、彼らには生涯会員の名が与えられます。学校ではないので授業料等の一切の費用を求めません。メンバーが純粋に自らのアートを追求したり磨きをかけたりするための比類ない機会を、同じ芝居作りの過程を共有できる仲間と共に、安全かつ研究的な環境において提供します。ここで行われる全てのワークには会員だけが参加できます。

　ジェームズ・ディーン、アル・パチーノ、ロバート・デ・ニーロ、アレック・ボールドウィン、ハーヴェイ・カイテル、スティーブ・マックイーン、ダスティン・ホフマン、クリストファー・ウォーケン、デニス・ホッパー、サリー・フィールド、ジーン・ハックマン、ポール・ニューマン、マーティン・ランドー、マーロン・ブランド、ミッキー・ローク、ロバート・デュヴァル、ジェーン・フォンダ、ジャック・ニコルソン、ジョン・ヴォイト、ショーン・ペン、メリッサ・レオ、イーライ・ウォラック、エステル・パーソンズ、ブラッドリー・クーパー等、そうそうたる俳優達がメンバーです。

謝 辞

　この本を書くにあたり、師匠のコント赤信号、フィル・ガシー
氏、ロベルタ・ウォラック氏、米倉リエナ氏、ウィン・ハンドマ
ン氏、サンフォード・マイズナー氏、エステル・パーソンズ氏を
はじめ多くの演技講師、演出家、監督との経験談、受講生のワー
クを参考にさせてもらいました。心より感謝の意を表します。

　重ねて青山治、水島ジャン、小林陽介、野田英治、田原寛也、
大木麻紀、土井宏晃、矢島理佐、宮田佳典、新井敬太、縄田かの
ん、石川紗世、太田実、保坂奈緒、高橋一哲、平井友稀奈、大高
岳彦、大高洋子（敬称略）の方々のサポートがなければこの本は
生まれなかったと思います。そして竹下かおり、関根愛両氏には
検証、編集、校正で忍耐強くサポートして頂き大変お世話になり
ました。

　出版の機会を与えて下さった而立書房の倉田晃宏氏には多大な
助言を頂き、深く感謝いたします。

　最後になりましたが両親、友人、関係者の皆様に改めてお礼申
し上げます。

あとがき

　最後まで読んで頂きありがとうございます。役者人生というジャングルを探険する道具を数多くゲットできたでしょうか。

　この本に書かれていることをすべて行い、役作り、芝居作りをするのは、莫大な時間と労力がかかると思います。常に手を抜かず、全力を尽くすことです。

　Always do your best!　全身全霊で役作り、芝居作りをすれば、必ず演技の天使が微笑んでくれるはずです。

　最後にサンディーの言葉を借りて終わりにしたいと思います。

　演技はアートだ。演技を教えることもアートだ。そうでないとすれば、アートになり得るものだ。
　　　（『サンフォード・マイズナー・オン・アクティング』）

　この言葉を胸に毎回稽古場に向かっています。

2018年4月吉日
ボビー中西

ボビー中西（中西正康）

1968年生まれ。千葉県柏市出身。
BNAW主宰、演技講師、演出家、全米映画俳優組合員、舞台俳優組合員NY・アクターズ・スタジオ生涯会員（日本人で2人目）。東京大学非常勤講師、新国立劇場演劇研修所マイズナー講師、渡辺ミュージカル芸術学院演技講師、九州大谷短期大学非常勤講師、佐久長聖高校演技講師。
高校卒業後、コント赤信号に弟子入り。1990年から2011年までNYを拠点に活動。名門ネイバーフッドプレイハウスでサンフォード・マイズナーから直接演技指導を受ける。2007年より演技指導をスタート。飯塚健監督WS主催、飯塚花笑監督、戸田彬弘監督とのコラボWS、大手事務所、個人レッスン多数。演技コーチとしてNetflix『全裸監督』（森田望智個人レッスン）、園子温監督『エッシャー通りの赤いポスト』、天野千尋監督『ミセス・ノイズィ』など多くの作品に携わる。2019年、演出を手掛けた『男が死ぬ日（作・テネシー・ウィリアムズ）』でバッカーズ演劇奨励賞プロデュース賞受賞。現在までに子役、高校生、ダンサー、ミュージシャン、ミュージカル俳優、アイドル、ハリウッド俳優、アカデミー賞ノミネート俳優など、多くの日本、世界で活躍をする俳優を指導している。その数は、延べ8000人を超す。

BNAW・Bobby Nakanishi Acting Workshop
この本を読んでクラスに興味を持って下さった方は、
ホームページ　http://bobbynact.com/　をご覧ください。

リアリズム演技　想像の設定の中で真実に生きるために
ニューヨークで学んだこと

2018 年　5 月 25 日　初版第 1 刷発行
2023 年　5 月 25 日　　　第 4 刷発行

著　者　ボビー中西
発行所　有限会社 而立書房
　　　　東京都千代田区神田猿楽町 2 丁目 4 番 2 号
　　　　電話　03 (3291) 5589 ／ FAX　03 (3292) 8782
　　　　URL　http://jiritsushobo.co.jp

印刷・製本　中央精版印刷 株式会社

落丁・乱丁本はおとりかえいたします。
© 2018 Nakanishi Masayasu
Printed in Japan
ISBN 978-4-88059-406-4　C0074

スーザン・バトソン／青山 治 訳

TRUTH［真実］ 「俳優養成」と「キャラクター創造」の技術 ペルソナ、ニード、トラジックフロー

2020.10.10 刊
四六判並製
352 頁
本体 2300 円（税別）
ISBN978-4-88059-423-1 C0074

ハリウッドやブロードウェイで引く手数多のスーザン・バトソンが、キャラクター創造のプロセスを一冊の本にまとめた。物語を伝え、言葉から生命を作りあげる、俳優たちの心の内の挑戦を明らかにする。　序文：ニコール・キッドマン

BNAW 編

The モノローグ集

2021.7.10 刊
四六判並製
224 頁
本体 1700 円（税別）
ISBN978-4-88059-430-9 C0074

新型コロナによる活動制限下、BNAW（ボビー中西アクティングワークショップ）ではオンラインの「モノローグ」レッスンに取り組んだ。「モノローグ」を自ら書き、互いに演じるというレッスンを推奨する演技の教本。

S・マイズナー、D・ロングウェル／仲井真嘉子、吉岡富夫 訳

サンフォード・マイズナー・オン・アクティング

1992.6.25 刊
四六判上製
424 頁
本体 2500 円（税別）
ISBN978-4-88059-170-4 C0074

俳優になるな。想像上の状況の中に存在するものに感応する人間になれ。演技しようとするな。演技は自然にされるんだ…。スタニスラフスキー理論をアメリカで積極的に実践し、多くのプロ俳優を輩出した演劇学校の 1 年間のドキュメント。

キース・ジョンストン／三輪えり花 訳

インプロ　自由自在な行動表現

2012.2.25 刊
四六判並製
368 頁
本体 2000 円（税別）
ISBN978-4-88059-361-6 C0074

即興演劇教育の第一人者キース・ジョンストンの主著にして、インプロ界のベストセラーの待望の邦訳。最高の演技とプレゼンテーションを生み出す方法がぎっしり詰まった、人を惹きつける表現者のためのバイブル。

マルコルム・モリソン／三輪えり花 訳

クラシカル・アクティング

2003.12.25 刊
四六判上製
224 頁
本体 2500 円（税別）
ISBN978-4-88059-298-5 C0074

古典劇（ソフォクレス、シェイクスピア、モリエール、イプセン、チェーホフ）をどう理解し、演ずるか。マルコルムはこの難問を見事に解いてくれる。現役俳優や演劇を志す人たちには必携。

ジーン・ベネディティ／松本永実子 訳

スタニスラフスキー入門

2008.7.25 刊
四六判上製
128 頁
本体 1500 円（税別）
ISBN978-4-88059-311-1 C0074

「システム」というものはない。自然があるだけだ。わたしの生涯の目的は創造の自然に近づくことである。——難解と言われるスタニスラフスキー・システムを、その成り立ちを踏まえ簡潔に解説する。初心者に格好の入門書。

アリソン・ホッジ／佐藤正紀ほか 訳

二十世紀俳優トレーニング

2005.11.25 刊
四六判上製
512 頁
本体 4000 円（税別）
ISBN978-4-88059-140-7 C0074

スタニスラフスキーなど 20 世紀を代表する演劇思想を俯瞰して、21 世紀の演劇を展望する——他にアドラー、ブルック、チェーホフ、コポー、グロトフスキ、リトルウッド、マイズナー、ストラスバーグ、メイエルホルド、スタニェフスキなど。

ディヴィッド・アレン／武田清 訳

チェーホフをいかに上演するか

2012.6.25 刊
四六判上製
432 頁
本体 2000 円（税別）
ISBN978-4-88059-372-2 C0074

「大失敗」と言われた 1896 年サンクトペテルブルグでの『かもめ』の初演から現在まで、100 余年に及ぶチェーホフ戯曲の上演の歴史と演出の変遷を、ロシア、アメリカ、イギリスに追う好著の訳書。演劇関係者にとっての福音となろう。

ゴードン・クレイグ／武田清 訳

俳優と超人形

2012.3.25 刊
四六判並製
208 頁
本体 1500 円（税別）
ISBN978-4-88059-370-8 C0074

近代演劇に圧倒的な影響を与えながら、その思想の実態を知る者はほとんどいなかった。なぜクレイグが近代演劇に強烈な影響を与えたのか。本書を読み解くとき、その答えがみつかるだろう。まさに画期的・刺激的な翻訳と言えよう。

ニック・ウォーラル／佐藤正紀 訳

モスクワ芸術座

2006.3.25 刊
四六判上製
368 頁
本体 3000 円（税別）
ISBN978-4-88059-312-8 C0074

現代演劇に最も大きな影響を与えたモスクワ芸術座の全貌を初めて明らかにした好著。スタニスラフスキー、ダンチェンコ、メイエルホリド、チェーホフ、ゴーリキ……などの果たした役割やそれぞれの関係を読み取ることができよう。

倉林誠一郎

演劇制作者

1993.9.25 刊
四六判上製
296 頁
本体 3000 円（税別）
ISBN978-4-88059-180-3 C0074

戦後から現在まで、一貫して演劇制作者としての道を歩んできた著者の、現代日本演劇への痛烈な思いを込めたエッセー集。演劇制作者の生活実態など、日本演劇の脆弱な基盤についての率直な批判と提言が収められる。

テネシー・ウィリアムズ／広田敦郎 訳

西洋能 男が死ぬ日 他2篇

2019.7.25 刊
四六判上製
160 頁
本体 2000 円（税別）
ISBN978-4-88059-414-9 C0074

劇作家テネシー・ウィリアムズは 1950 年代後半から三島由紀夫と親交をもち、日本の芸術や文化に深い関心をよせた。その時期の戯曲 3 篇を本邦初訳。三島との対談「劇作家のみたニッポン」も併録し、作家の知られざる側面を照射する。